最新法律文件解读丛书

# 刑事法律文件解读

总第 152 辑(2018. 2)

最新法律文件解读丛书编选组　编

人民法院出版社

**图书在版编目(CIP)数据**

刑事法律文件解读. 总第152辑/最新法律文件解读丛书编选组编.—北京:人民法院出版社,2018.7
(最新法律文件解读丛书)
ISBN 978-7-5109-2175-9

Ⅰ.①刑… Ⅱ.①最… Ⅲ.①刑法-法律解释-中国②刑事诉讼法-法律解释-中国 Ⅳ.①D924.05②D925.205

**中国版本图书馆CIP数据核字(2018)第117288号**

**刑事法律文件解读. 总第152辑**
最新法律文件解读丛书编选组 编

---

**责任编辑** 姜 峤
**出版发行** 人民法院出版社
**地　　址** 北京市东城区东交民巷27号 邮编 100745
**电　　话** (010)67550573(责任编辑) 67550558(发行部查询)
65223677(读者服务部)
**客服QQ** 2092078039
**网　　址** http://www.courtbook.com.cn
**E-mail** courtbook@sina.com
**印　　刷** 三河市国英印务有限公司
**经　　销** 新华书店
**开　　本** 787×1092毫米 1/16
**字　　数** 140千字
**印　　张** 8
**版　　次** 2018年7月第1版 2018年7月第1次印刷
**书　　号** ISBN 978-7-5109-2175-9
**定　　价** 22.00元

# 卷首语

最高人民法院、最高人民检察院制定的《关于办理药品、医疗器械注册申请材料造假刑事案件适用法律若干问题的解释》（以下简称《解释》），分别经2017年4月10日最高法审判委员会第1714次会议、2017年6月8日最高检第十二届检察委员会第六十五次会议审议通过，于2017年8月15日公布，自2017年9月1日起施行。

《解释》的出台，将有力地震慑药品、医疗器械注册申请材料造假违法犯罪分子，对进一步规范药品、医疗器械研制行为，保障药品、医疗器械安全，切实维护人民群众的生命健康权益，具有重要意义。为便于准确理解和适用《解释》的相关规定，我们邀请相关起草人对《解释》的制定背景和主要内容进行了详细解读，重点对以下三个问题进行了全面、深入的阐释：一是药物非临床研究机构、药物临床试验机构、合同研究组织及其工作人员，弄虚作假，提供报告严重失实构成犯罪的，可以提供虚假证明文件罪定罪处罚。二是药品注册申请人弄虚作假，使用虚假的非临床研究或者临床试验报告及相关材料，骗取药品批准证明文件并生产、销售药品构成犯罪的，可以生产、销售假药罪定罪处罚。三是对于医疗器械注册申请中临床试验数据造假行为，参照有关药品数据造假规定，追究相应刑事责任。

# 《最新法律文件解读》丛书
# 编　辑　部

# 目　录

【特载】

司法部发布三个司法鉴定指导案例

（2018 年 4 月 12 日）………………………………………………… 1

【法律】

中华人民共和国宪法

（2018 年 3 月 11 日修正）…………………………………………… 10

关于《中华人民共和国宪法修正案（草案）》的说明

——2018 年 3 月 5 日在第十三届全国人民代表大会第一次

会议上 ……………………………………………………………… 王　晨 35

【司法解释、司法指导性文件与解读】

最高人民法院　最高人民检察院

关于办理药品、医疗器械注册申请材料造假刑事案件

适用法律若干问题的解释

（2017 年 8 月 14 日）………………………………………………… 48

解读《关于办理药品、医疗器械注册申请材料造假刑事案件

适用法律若干问题的解释》……………… 缐　杰　卢宇蓉　吴飞飞 50

【部门规章、规章性文件与解读】

中国银行保险监督管理委员会　公安部

国家市场监督管理总局　中国人民银行

关于规范民间借贷行为　维护经济金融秩序有关事项的通知

（2018 年 4 月 16 日）………………………………………………… 59

中国银行保险监督管理委员会有关部门负责人就《关于规范民间借贷行为　维护经济金融秩序有关事项的通知》答记者问 …………… 62

司法部

关于印发《律师会见监狱在押罪犯规定》的通知(略)（2017 年 11 月 27 日） …………………………………………………… 64

司法部有关负责人就《律师会见监狱在押罪犯规定》有关问题答记者问 ………………………………………………………… 64

【地方司法业务文件】

江苏省司法厅

关于人体伤残程度鉴定相关问题的意见（2018 年 1 月 29 日） …………………………………………………… 68

山东省高级人民法院

关于印发修订后《常见犯罪量刑指导意见实施细则》的通知（2017 年 11 月 2 日） …………………………………………………… 74

【司法实务问题研究】

非法行医被判刑后,又非法行医,是否再次构成犯罪的问题探讨 ……………………………………………………… 崔建坤 105

【新类型疑难案例选评】

苏某单位行贿案

[评析]犯罪主体与行为着手的认定 …………… 曹之华　李　凯 107

吴某某被控挪用资金罪案

[评析]注册资本认缴制公司股东抽逃出资的行为不再评价为犯罪，但其行为同时构成他罪的仍应定罪处罚 ………………………………………………… 艾筱姑　张顺强 113

[特载]

# 司法部发布三个司法鉴定指导案例

（2018 年 4 月 12 日）

## 指导案例 07 号

## 张大山同卵双胞胎的 DNA 鉴定

**关键词：** 司法鉴定　法医物证鉴定　同卵双胞胎

**案情概况**

2012 年 6 月 30 日下午，12 岁女孩李平（化名）在放学路上失踪。6 天后，警方在李平家邻居张大山（化名）家的化粪池中找到了李平赤裸的尸体。现场勘验人员在张大山家的床席上发现一块红色斑迹，炕洞内发现一包女性衣服，经李平家属辨认是李平失踪当天所穿，检查裤子发现有透明反光的可疑斑迹。对两处斑迹的检验结果显示，床席上的红色斑迹是人血，DNA 分型结果与被害人李平相同，李平裤子上的斑迹是人精斑，DNA 分型结果与张大山相同，张大山有重大作案嫌疑。张大山到案后，对先奸后杀李平的作案事实供认不讳，警方将犯罪嫌疑人张大山移送检察机关。检察机关在审查中发现张大山有一个双胞胎弟弟张小山（化名），虽然犯罪嫌疑人张大山已交代作案事实，为了排除合理怀疑，要求侦查机关对张小山也进行检验。检验结果让警方感到吃惊的是张氏兄弟是同卵双胞胎，DNA 分型完全相同。为排除张小山作案的可能，检察机关将案卷退回公安机关要求补充侦查，警方委托第四军医大学法医司法鉴定所进行鉴定。

依法接受委托后，由一位主任法医师牵头组成鉴定小组，对张大山、张小山按照行业标准进行了 STR 分型检验。经比对，发现张小山在常染色体 vWA 基因座上出现了少见的三个等位基因的现象，为了办成经得起历史考验的铁案，又对张小山的精液进行 DNA 检验，发现同样存在这一现象。而张大山的 vWA 基因座未出现三等位基因现象，现场精斑在 vWA 基因座上与张大山的 DNA 分型结果一致。以此为据，鉴定人出具鉴定意见，认为案件与弟弟张小山无关，确定哥哥张大山为真凶，搁置几个月的疑难案件终于进入了公诉阶段。

法院通知本案司法鉴定人出庭作证，经法院同意，检察机关聘请了一位公安机关 DNA 专家出庭协助。法庭上，公安机关的 DNA 专家问道，如果发现某个基因座出现三等位基因现象，怎么确定是污染造成还是基因座本身的客观表型？出庭鉴定人胸有成竹地回答道，如果多个基因座都出现三等位基因现象，一般来说污染的可能性大，如果仅是单个基因座出现，再经过重复检验结果一致的话，通常可以确定该结果就是真实的。

最终法院采信了鉴定意见。在铁的证据面前，犯罪嫌疑人张大山受到了法律的严惩。

**鉴定要点**

一、需要做 DNA 鉴定时，应当委托司法行政机关登记的具有法医物证鉴定资格的司法鉴定机构去做。查验司法鉴定机构有无法医物证鉴定资质，可以在互联网上键入 www. 12348. gov. cn，登录“12348 中国法网”，点击首页上的“寻鉴定”，再按页面提示键入需要查询的鉴定机构名称，网页会显示鉴定机构和鉴定人的基本情况，供查询人挑选。

二、需要做 DNA 鉴定的每个人都要持本人身份证或者户口本原件亲自前往司法鉴定机构，工作人员将核对被鉴定人信息，复印有效证件，拍摄全体被鉴定人手持姓名和日期牌的合影，与被鉴定人签订鉴定委托书并收取鉴定费。

三、鉴定人将提取被鉴定人的血样或者唾液样本，被鉴定人要在样本采集单上捺印指纹。行动不便或者其他原因不能亲自到司法鉴定机构登记和取样的，可以请司法鉴定机构派员上门办理。绝不能通过邮寄、快递，以及被鉴定人自行取血送到鉴定机构等方式传递血样，以免发生差错、变质和遗失，即便是自己采的，自己送的，鉴定机构一概不予接受。

四、鉴定完成后，司法鉴定机构会把《鉴定意见书》送达被鉴定人，并严格按照法律要求，保护被鉴定人个人隐私，DNA 样本绝不会用于被鉴定人要求以外的其他任何用途。

**案例意义**

常规 DNA 鉴定的作用和意义在我国已经是家喻户晓，这项技术使无数犯罪分子落入法网，也使无数走失、被拐卖的儿童回到父母怀抱。现代法医学对于非同卵双胞胎及其他个体的个体识别，已经具备了非常成熟的分子生物学技术，理论上，可以识别全世界除同卵双胞胎以外的所有个体。由于同卵双胞胎具有相同的遗传背景，基因所包含的 DNA 信息相同，常规法医学个体识别技术一般无法区分。本案的司法鉴定人员通过比对同卵双胞胎 STR 分型结果，发现了二者在 vWA 基因座上分型结果不同，进而抓住这一点，从重复检验和更换样本类型来证实这一结果的可靠性，从而科学地甄别了本案涉及的同卵双胞胎。这一案例，为同卵双胞胎的甄别提供了一种可借鉴的技术思路。

**专用名词解释**

一、法医物证鉴定：是指运用免疫学、生物学、生物化学、分子生物学等的理论和方法，利用遗传学标记系统的多态性对生物学检材的种类、种属及个体来源进行鉴定。主要包括：个体识别、亲权鉴定、性别鉴定、种族鉴定和种属认定等。

二、同卵双胞胎：是由一个受精卵分裂发育而成的双胞胎，二者理论上具有完全相同的基因组。从经典遗传学的角度，使用短串联重复序列和单核苷酸多态性等遗传标记均不能对其进行有效的个体甄别。近年来国内外的研究结果表明，同卵双胞胎的差异不仅体现在表观遗传水平（DNA 甲基化、乙酰化等），还体现在基因组水平（拷贝数变异、线粒体等），这些都是甄别同卵双胞胎可以考虑的方法。

## 指导案例 08 号

# 王惠医疗损害责任纠纷鉴定

**关键词：** 司法鉴定　法医临床鉴定　医疗损害责任纠纷鉴定

**案情概况**

2009 年 10 月 19 日早上，19 岁的女生王惠（化名）用力大便时，突感上腹剧痛，到某大学附属医院急诊住院。10 月 20 日、21 日经造影和 CT 检查，诊断为膈疝（腹腔脏器通过隔开胸腔和腹腔的膈肌薄弱处挤进了胸腔），医生建议手术治疗。10 月 22 日，王惠和家属同意转外科治疗。转科后，王惠腹痛症状一度缓解，但大夫查房发现其全身情况较差，经仔细询问，王惠告知自己曾患甲状腺功能亢进并经放射性碘剂治疗。大夫立即全面检查王惠的甲状腺功能，实验室结果报告其多项甲状腺功能指标已低到仪器无法测出，主管医生立即决定邀请内分泌专科会诊。24 日晚王惠呼吸困难症状忽然明显加重，25 日凌晨转入 ICU。25 日上午，医院组织胸外科、肾内科、内分泌科、ICU 大夫参加的大会诊，一致认为王惠当前因膈疝导致心肺功能障碍，病情十分危重急需手术，但手术风险非常大。主管医生将病情、会诊意见和手术风险详细告诉王惠和家属，他们都表示愿意承担手术风险，在手术同意书上签了字。当天下午进行手术，术后王惠入住 ICU，一直处于昏迷状态，呼吸道吸出大量血红色液体，血压不稳，动脉血含氧不足，心电图显示心脏缺氧性损伤，胸腔持续引流出血性液体，10 月 26 日 15 时 50 分宣告死亡。

家属认为王惠死亡是医院的错误治疗行为导致的，要求追究医院和手术医生的责任，不仅拒付住院费、治疗费，还要求巨额赔偿。医院认为不存在医疗过错，更不应承担赔偿责任。双方争执不下，王惠家属一纸诉状把医院告到了法院。

法院受理后，委托中山大学法医鉴定中心，一是就被告医院对王惠的医疗行为是否存在过错进行鉴定。二是如果鉴定结果为医方存在过错，则需明确该过错与王惠死亡之间是否存在因果关系，以及原因力的大小。

鉴定中心依法受理委托后，指派两名具有法医临床鉴定资格，曾担任临床医生的司法鉴定人主持鉴定，还邀请临床医学专家提供咨询意见。司法鉴定机构召开了有法官、原告、被告、司法鉴定人、医学专家参加的听证会。鉴定人指出，因家属不同意解剖，将依据病历资料进行死因推断并据此鉴定，同时告知了相关风险，双方理解并签字同意。

鉴定人认真查阅病历，依据医疗规范逐项审查医疗措施，召开有胸外科、内分泌科、麻醉科等临床专科专家参加的案件研讨会，会后请专家“背靠背”写出意见。综合各方意见，根据诊疗规范，鉴定人出具鉴定意见认为：第一，医方对被鉴定人王惠的医疗行为遵守临床规范，未发现诊疗过程存在明显过错。第二，被鉴定人王惠死亡后果是其病情变化与转归的结果，与医疗行为之间存在因果关系的依据不足。

王惠家属不同意鉴定意见，经法院同意，他们聘请了一位医学专家出庭对鉴定意见进行质证。法院如期开庭，通知司法鉴定人出庭作证。庭上医患双方仍是各持己见，唇枪舌剑，互不相让。法官请鉴定人说明鉴定意见。鉴定人说，被鉴定人有用力解大便，导致腹腔压力增高的动力性诱因，医方诊断为膈疝是正确和符合诊疗规范的。膈疝的首选治疗是手术，当王惠病情加重时更应及时手术，否则可危及生命，但甲状腺功能低下患者对麻醉药非常敏感，医方术中已经适当减少了药物用量并加强了监护，尽到了预见义务与危险结果回避义务，医疗行为无过错和明显不妥。法院鉴定要求一是鉴定医院有无过错，二是如有过错与王惠死亡后果之间的因果关系及参与度。因鉴定中未发现医方存在明显过错，故判定医疗行为与死亡后果之间存在因果关系的依据不足。

患方聘请的医学专家提出，虽然医院告知了手术风险，家属也理解，但是告知风险不等于排除了风险，医方应当承担医疗错误责任。医方人员认为，患者就诊时未主动说明甲状腺病史，医生追问后才承认，此后多次会诊，术前全院会诊，多次告知病情及风险，已尽到详尽告知义务，充分尊重了患者及家属的知情权、选择权。

鉴定人再次发言指出，对甲减患者通常应当先补充甲状腺激素，待功能恢复至基本正常水平再手术。但本例有两个特殊之处：一是本案发生时国产甲状腺激素只有口服剂，而被鉴定人当时显然无法口服吸收；二是甲状腺激素水平恢复较慢，一般需 4 至 6 周，而病情危急不允许拖延。如果不及时手术，被鉴定人将死于膈疝导致的心肺功能衰竭；如果手术，被鉴定人甲状腺功能严重低下很可能引发严重的呼吸循环抑制，且此种情况一旦发生，在抢救上存在很大难度，加上膈疝影响心肺功能，极有可能引发呼吸心跳骤停，甚至死亡。总之，手术，风险巨大，但尚有一线生机；不手术，死亡同样不可避免。医方虽然减少了麻醉药物用量，但仍无法避免王惠发生严重的心肺功能衰竭，最终死于肺水肿、休克。

最终法院采信鉴定意见，综合全案情况，判决驳回原告的诉讼请求。案件受理费由原告负担。原告未提起上诉。

**鉴定要点**

医疗损害责任纠纷鉴定主要包括：

（一）实施诊疗行为有无过错；

（二）诊疗行为与损害后果之间是否存在因果关系以及原因力大小；

（三）医疗机构是否尽到了说明义务、取得患者或者患者近亲属书面同意的义务；

（四）医疗产品是否有缺陷、该缺陷与损害后果之间是否存在因果关系以及原因力的大小。

患者主张医疗机构承担赔偿责任的，应当保存和提交在该医疗机构就诊、受到损害的证据。患者无法提交医疗机构及其医务人员有过错，医疗机构的诊疗行为与受到损害之间具有因果关系的证据，依法提出医疗损害鉴定申请的，人民法院应予准许。

**案例意义**

医疗纠纷的鉴定需要占有尽可能全面的材料。对于死亡案例，如需确定死亡原因的，一般均应当进行尸体解剖与病理组织学检验。虽然在病历资料完整的情况下，也可以进行死因分析，但分析结果可能与实际情况有所出入，甚至无法彻底查清死因，影响鉴定。

医疗是一项有风险的行为，绝大多数医生都能遵从医生职责，认真地履行救死扶伤、治病救人的崇高责任，在治疗中最大限度地预估和规避风险，患者及家属应当客观、公正地看待，合情、合理、合法地维权。

**专用名词解释**

医疗损害责任纠纷鉴定：是依据《中华人民共和国侵权责任法》，司法鉴定人通过审查病历资料、检查被鉴定人和/或查阅病理及其他辅助检查资料，对医疗行为是否存在过失、患者的损害后果，以及医疗过失与损害后果间的因果关系以及原因力大小进行分析判断的过程。

## 指导案例 09 号

# 马冰法医精神病鉴定

**关键词：** 司法鉴定　法医精神病鉴定

**案情概况**

马冰（化名）认为他偷盗邻居张三（化名）的弟弟花生之事被张三发现，还被张三的儿子发到网上。他时常感觉张三在夜间砸他家的墙，遂怀恨在心，购买刀具伺机报复。2012 年 9 月 12 日上午 9 时许，马冰朝张三兄弟家的夹道里扔石头，张三发现后双方争执，马冰持刀刺中张三，并在追赶张三中连续刺其胸部、腰部、背部 11 刀，致张三心脏破裂死亡。作案后，马冰在家中被抓获。他供述，杀死张三是因为 2012 年农历 3 月听村民李四（化名）说，张三的儿子在网上说他偷花生的事，还说村里人都是这么说的，认为是张三告诉他儿子的。还有农历正月，自己在家时常听见后墙响，认为一定是张三砸他家的墙，马冰两次去砸张三家的墙，均被张三发现。

办案机关调查发现，马冰时年 24 岁，身体健康。父亲早故，母亲改嫁，与爷爷相依为命。爷爷与张氏兄弟交好，常托付他们教育马冰。马冰小学毕业后不再念书，平时宅在家里，不爱说话，比较老实不惹事。考虑马冰家族未发现精神病史，平素未见其精神异常，加上作案动机明确，辩护人未提出，司法机关未进行法医精神病鉴定。

一审马冰因犯故意杀人罪被判处死刑。二审时律师调查发现马冰所称张三儿子在网上公布其偷花生一事纯系乌有，村民李四当时外出打工，从未向马冰说及此事，感觉马冰可能存在精神异常，申请进行法医精神病鉴定。法院审查后认为辩护律师的申请符合本案实际，确有必要进行鉴定，遂批准委托司法鉴定机构对马冰作案时是否有精神障碍进行鉴定，如果有精神障碍，评定其刑事责任能力（即精神障碍对其作案行为辨认和控制能力的影响程度）。

司法鉴定科学技术研究所司法鉴定中心依法受理委托，指派三名具有法医精神病鉴定资格的鉴定人进行鉴定。鉴定人认真查阅了卷宗中文书、询问笔录、讯问笔录、一审判决书。向看守所管教人员调查了解马冰的表现和生活情况，管教人员反映马冰在关押期间表现得越来越内向，沉默少语，死刑判决后表示不上诉，问他有什么想法就“嘿嘿”笑两声，人变得越来越懒，不讲卫生，时而莫名发笑，有点痴呆。精神检查发现，马冰意识清楚，情感淡漠，目光茫然，不时莫名独自发笑。他说，偷花生的事被上网公布是听李四站在李家院子里说的，杀人也是因为此事。还经常听见张三说他的坏话，内容是说他偷东西一年多了，在看守所都能听见，作案前也听到其他不熟悉的人说他坏话，男声女声都有，但是就是找不到人。他坚信是张三儿子把他偷花生的事在网上公布的，他对被判死刑感到无所谓。

鉴定人分析认为，马冰无端怀疑自己偷花生一事被人在网上公布，怎样解释说服都无效，还凭空听见旁人说他坏话、听到有人砸他家墙壁，应该属于妄想与幻听，症状已持续一年多，涉案阶段也是如此，作案行为与精神症状直接相关，被精神症状驱动，丧失了对作案行为的实质性辨认能力。按照现行精神障碍诊断标准及刑事责任能力评定规范综合判断，鉴定意见为：马冰患“精神分裂症”，作案时处于发病期，受精神病的影响，实质性辨认和控制能力完全丧失，应评定为无刑事责任能力。

二审法院通知鉴定人出庭作证。法庭上，被害人的代理人、公诉人提出质疑，马冰在作案前并没有表现出任何精神异常，仅凭管教的点滴反映，为什么鉴定为精神病？会不会是伪装精神病？

鉴定人回答说：法医精神病鉴定首先要排除伪装的可能。本案被鉴定人马冰从未接触过精神病学知识，其症状出现、演化符合疾病发展规律，到案后供述前后一致，旁证调查证实其怀疑内容的荒唐性。检查时症状流露自然，否认自己有精神病，据此可排除伪装精神病可能。精神分裂症是一组病因未明的精神病，多起病于青壮年，症状表现多样，具有思维、情感、行为等多方面障碍及精神活动不协调，诊断标准非常严格。大家比较容易发现、认同以行为紊乱为主要表现的所谓“武疯子”，但是以思维障碍为主的“文疯子”的异常行为或精神活动比较隐蔽，一般人难以察觉其存在精神异常。如本案的马冰，周围人觉得他只是不愿与人多接触，年轻怕吃苦不愿外出打工，只有深入了解后才能发现他在偷花生后，逐渐出现了无端怀疑被人网上传播、凭空听见周围人议论此事，讲他坏话，砸他家墙壁等，现实检验能力丧失，与检查所见相互印证，其表现完全符合诊断精神分裂症的症状标准、病程标准、严重程度标准和排除标准，因此鉴定结论为马冰患有精神病。

经审理，法院采信司法鉴定意见，认定马冰作案时处于精神病的发病期，辨认和控制能力完全丧失，未追究其刑事责任，转而依法对其实施强制医疗。

**鉴定要点**

目前法医精神病鉴定的启动权主要由侦查机关、检察机关和人民法院等办案机关掌握，当事人或其委托的律师认为有必要的，可以提出鉴定申请。

从事法医精神病鉴定的鉴定机构，应当具备法律规定的设立条件。

对被鉴定人进行法医精神病鉴定的，应当通知委托人或者被鉴定人的近亲属到场见证。

接受委托的鉴定机构应当指定本机构二名以上鉴定人进行鉴定。对于疑难复杂的鉴定，可以指定多名鉴定人进行；重新鉴定，则应当至少有一名鉴定人具有高级技术职称。

**案例意义**

精神分裂症是精神病中一种常见类型，症状表现多样化，一些患者在一般人看来并不认为其有精神病，但在涉及妄想内容时，病人出现病态的推理和过激行为，给公共安全带来极大危害，家人和周围人应密切关注其言谈举止，注意发现精神异常的苗头，一旦出现可疑迹象，应当立即找精神科医生咨询或者就医。

**专用名词解释**

法医精神病鉴定：是运用司法精神病学的理论和方法，对涉及与法律有关的精神状态、法定能力（如刑事责任能力、受审能力、服刑能力、民事行为能力、监护能力、被害人自我防卫能力、作证能力等）、精神损伤程度、智能障碍等问题进行鉴定。抄送：办公厅、政法司、司鉴局、法制司，研究室、司鉴院。

[法律]

# 中华人民共和国宪法

（1982 年 12 月 4 日第五届全国人民代表大会第五次会议通过 1982 年 12 月 4 日全国人民代表大会公告公布施行 根据 1988 年 4 月 12 日第七届全国人民代表大会第一次会议通过的《中华人民共和国宪法修正案》、1993 年 3 月 29 日第八届全国人民代表大会第一次会议通过的《中华人民共和国宪法修正案》、1999 年 3 月 15 日第九届全国人民代表大会第二次会议通过的《中华人民共和国宪法修正案》、2004 年 3 月 14 日第十届全国人民代表大会第二次会议通过的《中华人民共和国宪法修正案》和 2018 年 3 月 11 日第十三届全国人民代表大会第一次会议通过的《中华人民共和国宪法修正案》修正）

目　录

序　言
第一章　总　纲
第二章　公民的基本权利和义务
第三章　国家机构
　第一节　全国人民代表大会
　第二节　中华人民共和国主席
　第三节　国务院
　第四节　中央军事委员会

第五节　地方各级人民代表大会和地方各级人民政府
第六节　民族自治地方的自治机关
第七节　监察委员会
第八节　人民法院和人民检察院
第四章　国旗、国歌、国徽、首都

## 序　言

中国是世界上历史最悠久的国家之一。中国各族人民共同创造了光辉灿烂的文化，具有光荣的革命传统。

一八四〇年以后，封建的中国逐渐变成半殖民地、半封建的国家。中国人民为国家独立、民族解放和民主自由进行了前仆后继的英勇奋斗。

二十世纪，中国发生了翻天覆地的伟大历史变革。

一九一一年孙中山先生领导的辛亥革命，废除了封建帝制，创立了中华民国。但是，中国人民反对帝国主义和封建主义的历史任务还没有完成。

一九四九年，以毛泽东主席为领袖的中国共产党领导中国各族人民，在经历了长期的艰难曲折的武装斗争和其他形式的斗争以后，终于推翻了帝国主义、封建主义和官僚资本主义的统治，取得了新民主主义革命的伟大胜利，建立了中华人民共和国。从此，中国人民掌握了国家的权力，成为国家的主人。

中华人民共和国成立以后，我国社会逐步实现了由新民主主义到社会主义的过渡。生产资料私有制的社会主义改造已经完成，人剥削人的制度已经消灭，社会主义制度已经确立。工人阶级领导的、以工农联盟为基础的人民民主专政，实质上即无产阶级专政，得到巩固和发展。中国人民和中国人民解放军战胜了帝国主义、霸权主义的侵略、破坏和武装挑衅，维护了国家的独立和安全，增强了国防。经济建设取得了重大的成就，独立的、比较完整的社会主义工业体系已经基本形成，农业生产显著提高。教育、科学、文化等事业有了很大的发展，社会主义思想教育取得了明显的成效。广大人民的生活有了较大的改善。

中国新民主主义革命的胜利和社会主义事业的成就，是中国共产党领导中国各族人民，在马克思列宁主义、毛泽东思想的指引下，坚持真理，修正错误，战胜许多艰难险阻而取得的。我国将长期处于社会主义初级阶段。国家的根本任务是，沿着中国特色社会主义道路，集中力量进行社会主义现代化建设。中国各族人民将继续在中国共产党领导下，在马克思列宁主义、毛泽东思想、邓小平理论、“三个代表”重要思想、科学发展观、习近平新时代中国特色社会主义思想指引下，坚持人民民主专政，坚持社会主义道路，坚持改革开放，不断完善社会主义的各项制度，发展社会主义市场经济，发展社会主义民主，健全社会主义法治，贯彻新发展理念，自力更生，艰苦奋斗，逐步实现工业、农业、国防和科学技术的现代化，推动物质文明、政治文明、精神文明、社会文明、生态文明协调发展，把我国建设成为富强民主文明和谐美丽的社会主义现代化强国，实现中华民族伟大复兴。

在我国，剥削阶级作为阶级已经消灭，但是阶级斗争还将在一定范围内长期存在。中国人民对敌视和破坏我国社会主义制度的国内外的敌对势力和敌对分子，必须进行斗争。

台湾是中华人民共和国的神圣领土的一部分。完成统一祖国的大业是包括台湾同胞在内的全中国人民的神圣职责。

社会主义的建设事业必须依靠工人、农民和知识分子，团结一切可以团结的力量。在长期的革命、建设、改革过程中，已经结成由中国共产党领导的，有各民主党派和各人民团体参加的，包括全体社会主义劳动者、社会主义事业的建设者、拥护社会主义的爱国者、拥护祖国统一和致力于中华民族伟大复兴的爱国者的广泛的爱国统一战线，这个统一战线将继续巩固和发展。中国人民政治协商会议是有广泛代表性的统一战线组织，过去发挥了重要的历史作用，今后在国家政治生活、社会生活和对外友好活动中，在进行社会主义现代化建设、维护国家的统一和团结的斗争中，将进一步发挥它的重要作用。中国共产党领导的多党合作和政治协商制度将长期存在和发展。

中华人民共和国是全国各族人民共同缔造的统一的多民族国家。平等团结互助和谐的社会主义民族关系已经确立，并将继续加强。在维护民族团结的斗争中，要反对大民族主义，主要是大汉族主义，也要反对地方民族主义。国家尽一切努力，促进全国各民族的共同繁荣。

中国革命、建设、改革的成就是同世界人民的支持分不开的。中国的前途是同世界的前途紧密地联系在一起的。中国坚持独立自主的对外政策，坚持互相尊重主权和领土完整、互不侵犯、互不干涉内政、平等互利、和平共处的五项原则，坚持和平发展道路，坚持互利共赢开放战略，发展同各国的外交关系和经济、文化交流，推动构建人类命运共同体；坚持反对帝国主义、霸权主义、殖民主义，加强同世界各国人民的团结，支持被压迫民族和发展中国家争取和维护民族独立、发展民族经济的正义斗争，为维护世界和平和促进人类进步事业而努力。

本宪法以法律的形式确认了中国各族人民奋斗的成果，规定了国家的根本制度和根本任务，是国家的根本法，具有最高的法律效力。全国各族人民、一切国家机关和武装力量、各政党和各社会团体、各企业事业组织，都必须以宪法为根本的活动准则，并且负有维护宪法尊严、保证宪法实施的职责。

## 第一章　总　纲

**第一条**　中华人民共和国是工人阶级领导的、以工农联盟为基础的人民民主专政的社会主义国家。

社会主义制度是中华人民共和国的根本制度。中国共产党领导是中国特色社会主义最本质的特征。禁止任何组织或者个人破坏社会主义制度。

**第二条**　中华人民共和国的一切权力属于人民。

人民行使国家权力的机关是全国人民代表大会和地方各级人民代表大会。

人民依照法律规定，通过各种途径和形式，管理国家事务，管理经济和文化事业，管理社会事务。

**第三条**　中华人民共和国的国家机构实行民主集中制的原则。

全国人民代表大会和地方各级人民代表大会都由民主选举产生，对人民负责，受人民监督。

国家行政机关、监察机关、审判机关、检察机关都由人民代表大会产生，对它负责，受它监督。

中央和地方的国家机构职权的划分，遵循在中央的统一领导下，充分发挥地方的主动性、积极性的原则。

**第四条**　中华人民共和国各民族一律平等。国家保障各少数民族的合法的权利和利益，维护和发展各民族的平等团结互助和谐关系。禁止对任何民族的歧视和压迫，禁止破坏民族团结和制造民族分裂的行为。

国家根据各少数民族的特点和需要，帮助各少数民族地区加速经济和文化的发展。

各少数民族聚居的地方实行区域自治，设立自治机关，行使自治权。各民族自治地方都是中华人民共和国不可分离的部分。

各民族都有使用和发展自己的语言文字的自由，都有保持或者改革自己的风俗习惯的自由。

**第五条** 中华人民共和国实行依法治国，建设社会主义法治国家。

国家维护社会主义法制的统一和尊严。

一切法律、行政法规和地方性法规都不得同宪法相抵触。

一切国家机关和武装力量、各政党和各社会团体、各企业事业组织都必须遵守宪法和法律。一切违反宪法和法律的行为，必须予以追究。

任何组织或者个人都不得有超越宪法和法律的特权。

**第六条** 中华人民共和国的社会主义经济制度的基础是生产资料的社会主义公有制，即全民所有制和劳动群众集体所有制。社会主义公有制消灭人剥削人的制度，实行各尽所能、按劳分配的原则。

国家在社会主义初级阶段，坚持公有制为主体、多种所有制经济共同发展的基本经济制度，坚持按劳分配为主体、多种分配方式并存的分配制度。

**第七条** 国有经济，即社会主义全民所有制经济，是国民经济中的主导力量。国家保障国有经济的巩固和发展。

**第八条** 农村集体经济组织实行家庭承包经营为基础、统分结合的双层经营体制。农村中的生产、供销、信用、消费等各种形式的合作经济，是社会主义劳动群众集体所有制经济。参加农村集体经济组织的劳动者，有权在法律规定的范围内经营自留地、自留山、家庭副业和饲养自留畜。

城镇中的手工业、工业、建筑业、运输业、商业、服务业等行业的各种形式的合作经济，都是社会主义劳动群众集体所有制经济。

国家保护城乡集体经济组织的合法的权利和利益，鼓励、指导和帮助集体经济的发展。

**第九条** 矿藏、水流、森林、山岭、草原、荒地、滩涂等自然资源，都属于国家所有，即全民所有；由法律规定属于集体所有的森林和山岭、草原、荒地、滩涂除外。

国家保障自然资源的合理利用，保护珍贵的动物和植物。禁止任何组织或者个人用任何手段侵占或者破坏自然资源。

**第十条** 城市的土地属于国家所有。

农村和城市郊区的土地，除由法律规定属于国家所有的以外，属于集体所有；宅基地和自留地、自留山，也属于集体所有。

国家为了公共利益的需要，可以依照法律规定对土地实行征收或者征用并给予补偿。

任何组织或者个人不得侵占、买卖或者以其他形式非法转让土地。土地的使用权可以依照法律的规定转让。

一切使用土地的组织和个人必须合理地利用土地。

**第十一条** 在法律规定范围内的个体经济、私营经济等非公有制经济，是社会主义市场经济的重要组成部分。

国家保护个体经济、私营经济等非公有制经济的合法的权利和利益。国家鼓励、支持和引导非公有制经济的发展，并对非公有制经济依法实行监督和管理。

**第十二条** 社会主义的公共财产神圣不可侵犯。

国家保护社会主义的公共财产。禁止任何组织或者个人用任何手段侵占或者破坏国家的和集体的财产。

**第十三条** 公民的合法的私有财产不受侵犯。

国家依照法律规定保护公民的私有财产权和继承权。

国家为了公共利益的需要，可以依照法律规定对公民的私有财产实行征收或者征用并给予补偿。

**第十四条** 国家通过提高劳动者的积极性和技术水平，推广先进的科学技术，完善经济管理体制和企业经营管理制度，实行各种形式的社会主义责任制，改进劳动组织，以不断提高劳动生产率和经济效益，发展社会生产力。

国家厉行节约，反对浪费。

国家合理安排积累和消费，兼顾国家、集体和个人的利益，在发展生产的基础上，逐步改善人民的物质生活和文化生活。

国家建立健全同经济发展水平相适应的社会保障制度。

**第十五条** 国家实行社会主义市场经济。

国家加强经济立法，完善宏观调控。

国家依法禁止任何组织或者个人扰乱社会经济秩序。

**第十六条** 国有企业在法律规定的范围内有权自主经营。

国有企业依照法律规定，通过职工代表大会和其他形式，实行民主管理。

**第十七条** 集体经济组织在遵守有关法律的前提下，有独立进行经济活动的自主权。

集体经济组织实行民主管理，依照法律规定选举和罢免管理人员，决定经营管理的重大问题。

**第十八条** 中华人民共和国允许外国的企业和其他经济组织或者个人依照中华人民共和国法律的规定在中国投资，同中国的企业或者其他经济组织进行各种形式的经济合作。

在中国境内的外国企业和其他外国经济组织以及中外合资经营的企业，都必须遵守中华人民共和国的法律。它们的合法的权利和利益受中华人民共和国法律的保护。

**第十九条** 国家发展社会主义的教育事业，提高全国人民的科学文化水平。

国家举办各种学校，普及初等义务教育，发展中等教育、职业教育和高等教育，并且发展学前教育。

国家发展各种教育设施，扫除文盲，对工人、农民、国家工作人员和其他劳动者进行政治、文化、科学、技术、业务的教育，鼓励自学成才。

国家鼓励集体经济组织、国家企业事业组织和其他社会力量依照法律规定举办各种教育事业。

国家推广全国通用的普通话。

**第二十条** 国家发展自然科学和社会科学事业，普及科学和技术知识，奖励科学研究成果和技术发明创造。

**第二十一条** 国家发展医疗卫生事业，发展现代医药和我国传统医药，鼓励和支持农村集体经济组织、国家企业事业组织和街道组织举办各种医疗卫生设施，开展群众性的卫生活动，保护人民健康。

国家发展体育事业，开展群众性的体育活动，增强人民体质。

**第二十二条** 国家发展为人民服务、为社会主义服务的文学艺术事业、新闻广播电视事业、出版发行事业、图书馆博物馆文化馆和其他文化事业，开展群众性的文化活动。

国家保护名胜古迹、珍贵文物和其他重要历史文化遗产。

**第二十三条** 国家培养为社会主义服务的各种专业人才，扩大知识分子的队伍，创造条件，充分发挥他们在社会主义现代化建设中的作用。

**第二十四条** 国家通过普及理想教育、道德教育、文化教育、纪律和法制教育，通过在城乡不同范围的群众中制定和执行各种守则、公约，加强社会主义精神文明的建设。

国家倡导社会主义核心价值观，提倡爱祖国、爱人民、爱劳动、爱科学、爱社会主义的公德，在人民中进行爱国主义、集体主义和国际主义、共产主义的教育，进行辩证唯物主义和历史唯物主义的教育，反对资本主义的、封建主义的和其他的腐朽思想。

**第二十五条** 国家推行计划生育，使人口的增长同经济和社会发展计划相适应。

**第二十六条** 国家保护和改善生活环境和生态环境，防治污染和其他公害。

国家组织和鼓励植树造林，保护林木。

**第二十七条** 一切国家机关实行精简的原则，实行工作责任制，实行工作人员的培训和考核制度，不断提高工作质量和工作效率，反对官僚主义。

一切国家机关和国家工作人员必须依靠人民的支持，经常保持同人民的密切联系，倾听人民的意见和建议，接受人民的监督，努力为人民服务。

国家工作人员就职时应当依照法律规定公开进行宪法宣誓。

**第二十八条** 国家维护社会秩序，镇压叛国和其他危害国家安全的犯罪活动，制裁危害社会治安、破坏社会主义经济和其他犯罪的活动，惩办和改造犯罪分子。

**第二十九条** 中华人民共和国的武装力量属于人民。它的任务是巩固国防，抵抗侵略，保卫祖国，保卫人民的和平劳动，参加国家建设事业，努力为人民服务。

国家加强武装力量的革命化、现代化、正规化的建设，增强国防力量。

**第三十条** 中华人民共和国的行政区域划分如下：

（一）全国分为省、自治区、直辖市；

（二）省、自治区分为自治州、县、自治县、市；

（三）县、自治县分为乡、民族乡、镇。

直辖市和较大的市分为区、县。自治州分为县、自治县、市。

自治区、自治州、自治县都是民族自治地方。

**第三十一条** 国家在必要时得设立特别行政区。在特别行政区内实行的制度按照具体情况由全国人民代表大会以法律规定。

**第三十二条** 中华人民共和国保护在中国境内的外国人的合法权利和利益，在中国境内的外国人必须遵守中华人民共和国的法律。

中华人民共和国对于因为政治原因要求避难的外国人，可以给予受庇护的权利。

## 第二章 公民的基本权利和义务

**第三十三条** 凡具有中华人民共和国国籍的人都是中华人民共和国公民。

中华人民共和国公民在法律面前一律平等。

国家尊重和保障人权。

任何公民享有宪法和法律规定的权利，同时必须履行宪法和法律规定的义务。

**第三十四条** 中华人民共和国年满十八周岁的公民，不分民族、种族、性别、职业、家庭出身、宗教信仰、教育程度、财产状况、居住期限，都有选举权和被选举权；但是依照法律被剥夺政治权利的人除外。

**第三十五条** 中华人民共和国公民有言论、出版、集会、结社、游行、示威的自由。

**第三十六条** 中华人民共和国公民有宗教信仰自由。

任何国家机关、社会团体和个人不得强制公民信仰宗教或者不信仰宗教，不得歧视信仰宗教的公民和不信仰宗教的公民。

国家保护正常的宗教活动。任何人不得利用宗教进行破坏社会秩序、损害公民身体健康、妨碍国家教育制度的活动。

宗教团体和宗教事务不受外国势力的支配。

**第三十七条** 中华人民共和国公民的人身自由不受侵犯。

任何公民，非经人民检察院批准或者决定或者人民法院决定，并由公安机关执行，不受逮捕。

禁止非法拘禁和以其他方法非法剥夺或者限制公民的人身自由，禁止非法搜查公民的身体。

**第三十八条** 中华人民共和国公民的人格尊严不受侵犯。禁止用任何方法对公民进行侮辱、诽谤和诬告陷害。

**第三十九条** 中华人民共和国公民的住宅不受侵犯。禁止非法搜查或者非法侵入公民的住宅。

**第四十条** 中华人民共和国公民的通信自由和通信秘密受法律的保护。除因国家安全或者追查刑事犯罪的需要，由公安机关或者检察机关依照法律规定的程序对通信进行检查外，任何组织或者个人不得以任何理由侵犯公民的通信自由和通信秘密。

**第四十一条** 中华人民共和国公民对于任何国家机关和国家工作人员，有提出批评和建议的权利；对于任何国家机关和国家工作人员的违法失职行为，有向有关国家机关提出申诉、控告或者检举的权利，但是不得捏造或者歪曲事实进行诬告陷害。

对于公民的申诉、控告或者检举，有关国家机关必须查清事实，负责处理。任何人不得压制和打击报复。

由于国家机关和国家工作人员侵犯公民权利而受到损失的人，有依照法律规定取得赔偿的权利。

**第四十二条** 中华人民共和国公民有劳动的权利和义务。

国家通过各种途径，创造劳动就业条件，加强劳动保护，改善劳动条件，并在发展生产的基础上，提高劳动报酬和福利待遇。

劳动是一切有劳动能力的公民的光荣职责。国有企业和城乡集体经济组织的劳动者都应当以国家主人翁的态度对待自己的劳动。国家提倡社会主义劳动竞赛，奖励劳动模范和先进工作者。国家提倡公民从事义务劳动。

国家对就业前的公民进行必要的劳动就业训练。

**第四十三条** 中华人民共和国劳动者有休息的权利。

国家发展劳动者休息和休养的设施，规定职工的工作时间和休假制度。

**第四十四条**　国家依照法律规定实行企业事业组织的职工和国家机关工作人员的退休制度。退休人员的生活受到国家和社会的保障。

**第四十五条**　中华人民共和国公民在年老、疾病或者丧失劳动能力的情况下，有从国家和社会获得物质帮助的权利。国家发展为公民享受这些权利所需要的社会保险、社会救济和医疗卫生事业。

国家和社会保障残废军人的生活，抚恤烈士家属，优待军人家属。

国家和社会帮助安排盲、聋、哑和其他有残疾的公民的劳动、生活和教育。

**第四十六条**　中华人民共和国公民有受教育的权利和义务。

国家培养青年、少年、儿童在品德、智力、体质等方面全面发展。

**第四十七条**　中华人民共和国公民有进行科学研究、文学艺术创作和其他文化活动的自由。国家对于从事教育、科学、技术、文学、艺术和其他文化事业的公民的有益于人民的创造性工作，给以鼓励和帮助。

**第四十八条**　中华人民共和国妇女在政治的、经济的、文化的、社会的和家庭的生活等各方面享有同男子平等的权利。

国家保护妇女的权利和利益，实行男女同工同酬，培养和选拔妇女干部。

**第四十九条**　婚姻、家庭、母亲和儿童受国家的保护。

夫妻双方有实行计划生育的义务。

父母有抚养教育未成年子女的义务，成年子女有赡养扶助父母的义务。

禁止破坏婚姻自由，禁止虐待老人、妇女和儿童。

**第五十条**　中华人民共和国保护华侨的正当的权利和利益，保护归侨和侨眷的合法的权利和利益。

**第五十一条**　中华人民共和国公民在行使自由和权利的时候，不得损害国家的、社会的、集体的利益和其他公民的合法的自由和权利。

**第五十二条**　中华人民共和国公民有维护国家统一和全国各民族团结的义务。

**第五十三条**　中华人民共和国公民必须遵守宪法和法律，保守国家秘密，爱护公共财产，遵守劳动纪律，遵守公共秩序，尊重社会公德。

**第五十四条**　中华人民共和国公民有维护祖国的安全、荣誉和利益的义务，不得有危害祖国的安全、荣誉和利益的行为。

**第五十五条**　保卫祖国、抵抗侵略是中华人民共和国每一个公民的神圣职责。

依照法律服兵役和参加民兵组织是中华人民共和国公民的光荣义务。

**第五十六条**　中华人民共和国公民有依照法律纳税的义务。

## 第三章　国家机构

### 第一节　全国人民代表大会

**第五十七条**　中华人民共和国全国人民代表大会是最高国家权力机关。它的常设机关是全国人民代表大会常务委员会。

**第五十八条**　全国人民代表大会和全国人民代表大会常务委员会行使国家立法权。

**第五十九条**　全国人民代表大会由省、自治区、直辖市、特别行政区和军队选出的代表组成。各少数民族都应当有适当名额的代表。

全国人民代表大会代表的选举由全国人民代表大会常务委员会主持。

全国人民代表大会代表名额和代表产生办法由法律规定。

**第六十条**　全国人民代表大会每届任期五年。

全国人民代表大会任期届满的两个月以前，全国人民代表大会常务委员会必须完成下届全国人民代表大会代表的选举。如果遇到不能进行选举的非常情况，由全国人民代表大会常务委员会以全体组成人员的三分之二以上的多数通过，可以推迟选举，延长本届全国人民代表大会的任期。在非常情况结束后一年内，必须完成下届全国人民代表大会代表的选举。

**第六十一条**　全国人民代表大会会议每年举行一次，由全国人民代表大会常务委员会召集。如果全国人民代表大会常务委员会认为必要，或者有五分之一以上的全国人民代表大会代表提议，可以临时召集全国人民代表大会会议。

全国人民代表大会举行会议的时候，选举主席团主持会议。

**第六十二条**　全国人民代表大会行使下列职权：

（一）修改宪法；

（二）监督宪法的实施；

（三）制定和修改刑事、民事、国家机构的和其他的基本法律；

（四）选举中华人民共和国主席、副主席；

（五）根据中华人民共和国主席的提名，决定国务院总理的人选；根据国务院总理的提名，决定国务院副总理、国务委员、各部部长、各委员会主任、审计长、秘书长的人选；

（六）选举中央军事委员会主席；根据中央军事委员会主席的提名，决定中央军事委员会其他组成人员的人选；

（七）选举国家监察委员会主任；

（八）选举最高人民法院院长；

（九）选举最高人民检察院检察长；

（十）审查和批准国民经济和社会发展计划和计划执行情况的报告；

（十一）审查和批准国家的预算和预算执行情况的报告；

（十二）改变或者撤销全国人民代表大会常务委员会不适当的决定；

（十三）批准省、自治区和直辖市的建置；

（十四）决定特别行政区的设立及其制度；

（十五）决定战争和和平的问题；

（十六）应当由最高国家权力机关行使的其他职权。

**第六十三条**　全国人民代表大会有权罢免下列人员：

（一）中华人民共和国主席、副主席；

（二）国务院总理、副总理、国务委员、各部部长、各委员会主任、审计长、秘书长；

（三）中央军事委员会主席和中央军事委员会其他组成人员；

（四）国家监察委员会主任；

（五）最高人民法院院长；

（六）最高人民检察院检察长。

**第六十四条**　宪法的修改，由全国人民代表大会常务委员会或者五分之一以上的全国人民代表大会代表提议，并由全国人民代表大会以全体代表的三分之二以上的多数通过。

法律和其他议案由全国人民代表大会以全体代表的过半数通过。

**第六十五条** 全国人民代表大会常务委员会由下列人员组成：

委员长，

副委员长若干人，

秘书长，

委员若干人。

全国人民代表大会常务委员会组成人员中，应当有适当名额的少数民族代表。

全国人民代表大会选举并有权罢免全国人民代表大会常务委员会的组成人员。

全国人民代表大会常务委员会的组成人员不得担任国家行政机关、监察机关、审判机关和检察机关的职务。

**第六十六条** 全国人民代表大会常务委员会每届任期同全国人民代表大会每届任期相同，它行使职权到下届全国人民代表大会选出新的常务委员会为止。

委员长、副委员长连续任职不得超过两届。

**第六十七条** 全国人民代表大会常务委员会行使下列职权：

（一）解释宪法，监督宪法的实施；

（二）制定和修改除应当由全国人民代表大会制定的法律以外的其他法律；

（三）在全国人民代表大会闭会期间，对全国人民代表大会制定的法律进行部分补充和修改，但是不得同该法律的基本原则相抵触；

（四）解释法律；

（五）在全国人民代表大会闭会期间，审查和批准国民经济和社会发展计划、国家预算在执行过程中所必须作的部分调整方案；

（六）监督国务院、中央军事委员会、国家监察委员会、最高人民法院和最高人民检察院的工作；

（七）撤销国务院制定的同宪法、法律相抵触的行政法规、决定和命令；

（八）撤销省、自治区、直辖市国家权力机关制定的同宪法、法律和行政法规相抵触的地方性法规和决议；

（九）在全国人民代表大会闭会期间，根据国务院总理的提名，决定部长、委员会主任、审计长、秘书长的人选；

（十）在全国人民代表大会闭会期间，根据中央军事委员会主席的提名，决定中央军事委员会其他组成人员的人选；

（十一）根据国家监察委员会主任的提请，任免国家监察委员会副主任、委员；

（十二）根据最高人民法院院长的提请，任免最高人民法院副院长、审判员、审判委员会委员和军事法院院长；

（十三）根据最高人民检察院检察长的提请，任免最高人民检察院副检察长、检察员、检察委员会委员和军事检察院检察长，并且批准省、自治区、直辖市的人民检察院检察长的任免；

（十四）决定驻外全权代表的任免；

（十五）决定同外国缔结的条约和重要协定的批准和废除；

（十六）规定军人和外交人员的衔级制度和其他专门衔级制度；

（十七）规定和决定授予国家的勋章和荣誉称号；

（十八）决定特赦；

（十九）在全国人民代表大会闭会期间，如果遇到国家遭受武装侵犯或者必须履行国际间共同防止侵略的条约的情况，决定战争状态的宣布；

（二十）决定全国总动员或者局部动员；

（二十一）决定全国或者个别省、自治区、直辖市进入紧急状态；

（二十二）全国人民代表大会授予的其他职权。

**第六十八条** 全国人民代表大会常务委员会委员长主持全国人民代表大会常务委员会的工作，召集全国人民代表大会常务委员会会议。副委员长、秘书长协助委员长工作。

委员长、副委员长、秘书长组成委员长会议，处理全国人民代表大会常务委员会的重要日常工作。

**第六十九条** 全国人民代表大会常务委员会对全国人民代表大会负责并报告工作。

**第七十条** 全国人民代表大会设立民族委员会、宪法和法律委员会、财政经济委员会、教育科学文化卫生委员会、外事委员会、华侨委员会和其他需要设立的专门委员会。在全国人民代表大会闭会期间，各专门委员会受全国人民代表大会常务委员会的领导。

各专门委员会在全国人民代表大会和全国人民代表大会常务委员会领导下，研究、审议和拟订有关议案。

**第七十一条** 全国人民代表大会和全国人民代表大会常务委员会认为必要的时候，可以组织关于特定问题的调查委员会，并且根据调查委员会的报告，作出相应的决议。

调查委员会进行调查的时候，一切有关的国家机关、社会团体和公民都有义务向它提供必要的材料。

**第七十二条** 全国人民代表大会代表和全国人民代表大会常务委员会组成人员，有权依照法律规定的程序分别提出属于全国人民代表大会和全国人民代表大会常务委员会职权范围内的议案。

**第七十三条** 全国人民代表大会代表在全国人民代表大会开会期间，全国人民代表大会常务委员会组成人员在常务委员会开会期间，有权依照法律规定的程序提出对国务院或者国务院各部、各委员会的质询案。受质询的机关必须负责答复。

**第七十四条** 全国人民代表大会代表，非经全国人民代表大会会议主席团许可，在全国人民代表大会闭会期间非经全国人民代表大会常务委员会许可，不受逮捕或者刑事审判。

**第七十五条** 全国人民代表大会代表在全国人民代表大会各种会议上的发言和表决，不受法律追究。

**第七十六条** 全国人民代表大会代表必须模范地遵守宪法和法律，保守国家秘密，并且在自己参加的生产、工作和社会活动中，协助宪法和法律的实施。

全国人民代表大会代表应当同原选举单位和人民保持密切的联系，听取和反映人民的意见和要求，努力为人民服务。

**第七十七条** 全国人民代表大会代表受原选举单位的监督。原选举单位有权依照法律规定的程序罢免本单位选出的代表。

**第七十八条** 全国人民代表大会和全国人民代表大会常务委员会的组织和工作程序由法律规定。

## 第二节 中华人民共和国主席

**第七十九条** 中华人民共和国主席、副主席由全国人民代表大会选举。

有选举权和被选举权的年满四十五周岁的中华人民共和国公民可以被选为中华人民共和国主席、副主席。

中华人民共和国主席、副主席每届任期同全国人民代表大会每届任期相同。

**第八十条** 中华人民共和国主席根据全国人民代表大会的决定和全国人民代表大会常务委员会的决定，公布法律，任免国务院总理、副总理、国务委员、各部部长、各委员会主任、审计长、秘书长，授予国家的勋章和荣誉称号，发布特赦令，宣布进入紧急状态，宣布战争状态，发布动员令。

**第八十一条** 中华人民共和国主席代表中华人民共和国，进行国事活动，接受外国使节；根据全国人民代表大会常务委员会的决定，派遣和召回驻外全权代表，批准和废除同外国缔结的条约和重要协定。

**第八十二条** 中华人民共和国副主席协助主席工作。

中华人民共和国副主席受主席的委托，可以代行主席的部分职权。

**第八十三条** 中华人民共和国主席、副主席行使职权到下届全国人民代表大会选出的主席、副主席就职为止。

**第八十四条** 中华人民共和国主席缺位的时候，由副主席继任主席的职位。

中华人民共和国副主席缺位的时候，由全国人民代表大会补选。

中华人民共和国主席、副主席都缺位的时候，由全国人民代表大会补选；在补选以前，由全国人民代表大会常务委员会委员长暂时代理主席职位。

## 第三节 国务院

**第八十五条** 中华人民共和国国务院，即中央人民政府，是最高国家权力机关的执行机关，是最高国家行政机关。

**第八十六条** 国务院由下列人员组成：

总理，

副总理若干人，

国务委员若干人，

各部部长，

各委员会主任，

审计长，

秘书长。

国务院实行总理负责制。各部、各委员会实行部长、主任负责制。

国务院的组织由法律规定。

**第八十七条** 国务院每届任期同全国人民代表大会每届任期相同。

总理、副总理、国务委员连续任职不得超过两届。

**第八十八条** 总理领导国务院的工作。副总理、国务委员协助总理工作。

总理、副总理、国务委员、秘书长组成国务院常务会议。

总理召集和主持国务院常务会议和国务院全体会议。

**第八十九条** 国务院行使下列职权：

（一）根据宪法和法律，规定行政措施，制定行政法规，发布决定和命令；

（二）向全国人民代表大会或者全国人民代表大会常务委员会提出议案；

（三）规定各部和各委员会的任务和职责，统一领导各部和各委员会的工作，并且领导不属于各部和各委员会的全国性的行政工作；

（四）统一领导全国地方各级国家行政机关的工作，规定中央和省、自治区、直辖市的国家行政机关的职权的具体划分；

（五）编制和执行国民经济和社会发展计划和国家预算；

（六）领导和管理经济工作和城乡建设、生态文明建设；

（七）领导和管理教育、科学、文化、卫生、体育和计划生育工作；

（八）领导和管理民政、公安、司法行政等工作；

（九）管理对外事务，同外国缔结条约和协定；

（十）领导和管理国防建设事业；

（十一）领导和管理民族事务，保障少数民族的平等权利和民族自治地方的自治权利；

（十二）保护华侨的正当的权利和利益，保护归侨和侨眷的合法的权利和利益；

（十三）改变或者撤销各部、各委员会发布的不适当的命令、指示和规章；

（十四）改变或者撤销地方各级国家行政机关的不适当的决定和命令；

（十五）批准省、自治区、直辖市的区域划分，批准自治州、县、自治县、市的建置和区域划分；

（十六）依照法律规定决定省、自治区、直辖市的范围内部分地区进入紧急状态；

（十七）审定行政机构的编制，依照法律规定任免、培训、考核和奖惩行政人员；

（十八）全国人民代表大会和全国人民代表大会常务委员会授予的其他职权。

**第九十条**　国务院各部部长、各委员会主任负责本部门的工作；召集和主持部务会议或者委员会会议、委务会议，讨论决定本部门工作的重大问题。

各部、各委员会根据法律和国务院的行政法规、决定、命令，在本部门的权限内，发布命令、指示和规章。

**第九十一条**　国务院设立审计机关，对国务院各部门和地方各级政府的财政收支，对国家的财政金融机构和企业事业组织的财务收支，进行审计监督。

审计机关在国务院总理领导下，依照法律规定独立行使审计监督权，不受其他行政机关、社会团体和个人的干涉。

**第九十二条**　国务院对全国人民代表大会负责并报告工作；在全国人民代表大会闭会期间，对全国人民代表大会常务委员会负责并报告工作。

### 第四节　中央军事委员会

**第九十三条**　中华人民共和国中央军事委员会领导全国武装力量。

中央军事委员会由下列人员组成：

主席，

副主席若干人，

委员若干人。

中央军事委员会实行主席负责制。

中央军事委员会每届任期同全国人民代表大会每届任期相同。

**第九十四条** 中央军事委员会主席对全国人民代表大会和全国人民代表大会常务委员会负责。

### 第五节 地方各级人民代表大会和地方各级人民政府

**第九十五条** 省、直辖市、县、市、市辖区、乡、民族乡、镇设立人民代表大会和人民政府。

地方各级人民代表大会和地方各级人民政府的组织由法律规定。

自治区、自治州、自治县设立自治机关。自治机关的组织和工作根据宪法第三章第五节、第六节规定的基本原则由法律规定。

**第九十六条** 地方各级人民代表大会是地方国家权力机关。

县级以上的地方各级人民代表大会设立常务委员会。

**第九十七条** 省、直辖市、设区的市的人民代表大会代表由下一级的人民代表大会选举；县、不设区的市、市辖区、乡、民族乡、镇的人民代表大会代表由选民直接选举。

地方各级人民代表大会代表名额和代表产生办法由法律规定。

**第九十八条** 地方各级人民代表大会每届任期五年。

**第九十九条** 地方各级人民代表大会在本行政区域内，保证宪法、法律、行政法规的遵守和执行；依照法律规定的权限，通过和发布决议，审查和决定地方的经济建设、文化建设和公共事业建设的计划。

县级以上的地方各级人民代表大会审查和批准本行政区域内的国民经济和社会发展计划、预算以及它们的执行情况的报告；有权改变或者撤销本级人民代表大会常务委员会不适当的决定。

民族乡的人民代表大会可以依照法律规定的权限采取适合民族特点的具体措施。

**第一百条** 省、直辖市的人民代表大会和它们的常务委员会，在不同宪法、法律、行政法规相抵触的前提下，可以制定地方性法规，报全国人民代表大会常务委员会备案。

设区的市的人民代表大会和它们的常务委员会，在不同宪法、法律、行政法规和本省、自治区的地方性法规相抵触的前提下，可以依照法律规定制定地方性法规，报本省、自治区人民代表大会常务委员会批准后施行。

**第一百零一条** 地方各级人民代表大会分别选举并且有权罢免本级人民政府的省长和副省长、市长和副市长、县长和副县长、区长和副区长、乡长和副乡长、镇长和副镇长。

县级以上的地方各级人民代表大会选举并且有权罢免本级监察委员会主任、本级人民法院院长和本级人民检察院检察长。选出或者罢免人民检察院检察长，须报上级人民检察院检察长提请该级人民代表大会常务委员会批准。

**第一百零二条** 省、直辖市、设区的市的人民代表大会代表受原选举单位的监督；县、不设区的市、市辖区、乡、民族乡、镇的人民代表大会代表受选民的监督。

地方各级人民代表大会代表的选举单位和选民有权依照法律规定的程序罢免由他们选出的代表。

**第一百零三条** 县级以上的地方各级人民代表大会常务委员会由主任、副主任若干人和委员若干人组成，对本级人民代表大会负责并报告工作。

县级以上的地方各级人民代表大会选举并有权罢免本级人民代表大会常务委员会的组成人员。

县级以上的地方各级人民代表大会常务委员会的组成人员不得担任国家行政机关、监察机关、审判机关和检察机关的职务。

**第一百零四条** 县级以上的地方各级人民代表大会常务委员会讨论、决定本行政区域内各方面工作的重大事项；监督本级人民政府、监察委员会、人民法院和人民检察院的工作；撤销本级人民政府的不适当的决定和命令；撤销下一级人民代表大会的不适当的决议；依照法律规定的权限决定国家机关工作人员的任免；在本级人民代表大会闭会期间，罢免和补选上一级人民代表大会的个别代表。

**第一百零五条** 地方各级人民政府是地方各级国家权力机关的执行机关，是地方各级国家行政机关。

地方各级人民政府实行省长、市长、县长、区长、乡长、镇长负责制。

**第一百零六条** 地方各级人民政府每届任期同本级人民代表大会每届任期相同。

**第一百零七条** 县级以上地方各级人民政府依照法律规定的权限，管理本行政区域内的经济、教育、科学、文化、卫生、体育事业、城乡建设事业和财政、民政、公安、民族事务、司法行政、计划生育等行政工作，发布决定和命令，任免、培训、考核和奖惩行政工作人员。

乡、民族乡、镇的人民政府执行本级人民代表大会的决议和上级国家行政机关的决定和命令，管理本行政区域内的行政工作。

省、直辖市的人民政府决定乡、民族乡、镇的建置和区域划分。

**第一百零八条** 县级以上的地方各级人民政府领导所属各工作部门和下级人民政府的工作，有权改变或者撤销所属各工作部门和下级人民政府的不适当的决定。

**第一百零九条** 县级以上的地方各级人民政府设立审计机关。地方各级审计机关依照法律规定独立行使审计监督权，对本级人民政府和上一级审计机关负责。

**第一百一十条** 地方各级人民政府对本级人民代表大会负责并报告工作。县级以上的地方各级人民政府在本级人民代表大会闭会期间，对本级人民代表大会常务委员会负责并报告工作。

地方各级人民政府对上一级国家行政机关负责并报告工作。全国地方各级人民政府都是国务院统一领导下的国家行政机关，都服从国务院。

**第一百一十一条** 城市和农村按居民居住地区设立的居民委员会或者村民委员会是基层群众性自治组织。居民委员会、村民委员会的主任、副主任和委员由居民选举。居民委员会、村民委员会同基层政权的相互关系由法律规定。

居民委员会、村民委员会设人民调解、治安保卫、公共卫生等委员会，办理本居住地区的公共事务和公益事业，调解民间纠纷，协助维护社会治安，并且向人民政府反映群众的意见、要求和提出建议。

### 第六节　民族自治地方的自治机关

**第一百一十二条** 民族自治地方的自治机关是自治区、自治州、自治县的人民代表大会和人民政府。

**第一百一十三条** 自治区、自治州、自治县的人民代表大会中，除实行区域自治的民族的代表外，其他居住在本行政区域内的民族也应当有适当名额的代表。

自治区、自治州、自治县的人民代表大会常务委员会中应当有实行区域自治的民族的公民担任主任或者副主任。

**第一百一十四条** 自治区主席、自治州州长、自治县县长由实行区域自治的民族的公民担任。

**第一百一十五条** 自治区、自治州、自治县的自治机关行使宪法第三章第五节规定的地方国家机关的职权，同时依照宪法、民族区域自治法和其他法律规定的权限行使自治权，根据本地方实际情况贯彻执行国家的法律、政策。

**第一百一十六条** 民族自治地方的人民代表大会有权依照当地民族的政治、经济和文化的特点，制定自治条例和单行条例。自治区的自治条例和单行条例，报全国人民代表大会常务委员会批准后生效。自治州、自治县的自治条例和单行条例，报省或者自治区的人民代表大会常务委员会批准后生效，并报全国人民代表大会常务委员会备案。

**第一百一十七条** 民族自治地方的自治机关有管理地方财政的自治权。凡是依照国家财政体制属于民族自治地方的财政收入，都应当由民族自治地方的自治机关自主地安排使用。

**第一百一十八条** 民族自治地方的自治机关在国家计划的指导下，自主地安排和管理地方性的经济建设事业。

国家在民族自治地方开发资源、建设企业的时候，应当照顾民族自治地方的利益。

**第一百一十九条** 民族自治地方的自治机关自主地管理本地方的教育、科学、文化、卫生、体育事业，保护和整理民族的文化遗产，发展和繁荣民族文化。

**第一百二十条** 民族自治地方的自治机关依照国家的军事制度和当地的实际需要，经国务院批准，可以组织本地方维护社会治安的公安部队。

**第一百二十一条** 民族自治地方的自治机关在执行职务的时候，依照本民族自治地方自治条例的规定，使用当地通用的一种或者几种语言文字。

**第一百二十二条** 国家从财政、物资、技术等方面帮助各少数民族加速发展经济建设和文化建设事业。

国家帮助民族自治地方从当地民族中大量培养各级干部、各种专业人才和技术工人。

## 第七节　监察委员会

**第一百二十三条**　中华人民共和国各级监察委员会是国家的监察机关。

**第一百二十四条**　中华人民共和国设立国家监察委员会和地方各级监察委员会。

监察委员会由下列人员组成：

主任，

副主任若干人，

委员若干人。

监察委员会主任每届任期同本级人民代表大会每届任期相同。国家监察委员会主任连续任职不得超过两届。

监察委员会的组织和职权由法律规定。

**第一百二十五条**　中华人民共和国国家监察委员会是最高监察机关。

国家监察委员会领导地方各级监察委员会的工作，上级监察委员会领导下级监察委员会的工作。

**第一百二十六条**　国家监察委员会对全国人民代表大会和全国人民代表大会常务委员会负责。地方各级监察委员会对产生它的国家权力机关和上一级监察委员会负责。

**第一百二十七条**　监察委员会依照法律规定独立行使监察权，不受行政机关、社会团体和个人的干涉。

监察机关办理职务违法和职务犯罪案件，应当与审判机关、检察机关、执法部门互相配合，互相制约。

## 第八节　人民法院和人民检察院

**第一百二十八条**　中华人民共和国人民法院是国家的审判机关。

**第一百二十九条**　中华人民共和国设立最高人民法院、地方各级人民法院和军事法院等专门人民法院。

最高人民法院院长每届任期同全国人民代表大会每届任期相同，连续任职不得超过两届。

人民法院的组织由法律规定。

**第一百三十条** 人民法院审理案件，除法律规定的特别情况外，一律公开进行。被告人有权获得辩护。

**第一百三十一条** 人民法院依照法律规定独立行使审判权，不受行政机关、社会团体和个人的干涉。

**第一百三十二条** 最高人民法院是最高审判机关。

最高人民法院监督地方各级人民法院和专门人民法院的审判工作，上级人民法院监督下级人民法院的审判工作。

**第一百三十三条** 最高人民法院对全国人民代表大会和全国人民代表大会常务委员会负责。地方各级人民法院对产生它的国家权力机关负责。

**第一百三十四条** 中华人民共和国人民检察院是国家的法律监督机关。

**第一百三十五条** 中华人民共和国设立最高人民检察院、地方各级人民检察院和军事检察院等专门人民检察院。

最高人民检察院检察长每届任期同全国人民代表大会每届任期相同，连续任职不得超过两届。

人民检察院的组织由法律规定。

**第一百三十六条** 人民检察院依照法律规定独立行使检察权，不受行政机关、社会团体和个人的干涉。

**第一百三十七条** 最高人民检察院是最高检察机关。

最高人民检察院领导地方各级人民检察院和专门人民检察院的工作，上级人民检察院领导下级人民检察院的工作。

**第一百三十八条** 最高人民检察院对全国人民代表大会和全国人民代表大会常务委员会负责。地方各级人民检察院对产生它的国家权力机关和上级人民检察院负责。

**第一百三十九条** 各民族公民都有用本民族语言文字进行诉讼的权利。人民法院和人民检察院对于不通晓当地通用的语言文字的诉讼参与人，应当为他们翻译。

在少数民族聚居或者多民族共同居住的地区，应当用当地通用的语言进行审理；起诉书、判决书、布告和其他文书应当根据实际需要使用当地通用的一种或者几种文字。

**第一百四十条** 人民法院、人民检察院和公安机关办理刑事案件，应当分工负责，互相配合，互相制约，以保证准确有效地执行法律。

### 第四章 国旗、国歌、国徽、首都

**第一百四十一条** 中华人民共和国国旗是五星红旗。

中华人民共和国国歌是《义勇军进行曲》。

**第一百四十二条** 中华人民共和国国徽，中间是五星照耀下的天安门，周围是谷穗和齿轮。

**第一百四十三条** 中华人民共和国首都是北京。

# 关于《中华人民共和国宪法修正案（草案）》的说明

——2018年3月5日在第十三届全国人民代表大会第一次会议上

第十二届全国人大常委会副委员长兼秘书长 王 晨

**各位代表：**

我受第十二届全国人大常委会委托，作关于《中华人民共和国宪法修正案（草案）》的说明。

## 一、关于宪法修改的基本考虑

宪法是国家的根本法，是治国安邦的总章程，是党和人民意志的集中体现。党的十八大以来，习近平总书记多次强调，坚持依法治国首先要坚持依宪治国，坚持依法执政首先要坚持依宪执政。宪法修改，是党和国家政治生活中的一件大事，是以习近平同志为核心的党中央从新时代坚持和发展中国特色社会主义全局和战略高度作出的重大决策，是推进全面依法治国、推进国家治理体系和治理能力现代化的重大举措。

第一，我国现行宪法是符合国情、符合实际、符合时代发展要求的好宪法，为改革开放和社会主义现代化建设提供了根本法治保障，必须坚决维护、长期坚持、全面贯彻。

我国现行宪法是根据党的十一届三中全会确定的路线方针政策、于 1982 年 12 月 4 日由五届全国人大五次会议通过并公布施行的。再往前追溯，1982 年宪法是对 1949 年具有临时宪法作用的《中国人民政治协商会议共同纲领》、1954 年《中华人民共和国宪法》的继承和发展。

我国宪法以国家根本法的形式，确认了中国共产党领导中国人民进行革命、建设、改革的伟大斗争和根本成就，确立了工人阶级领导的、以工农联盟为基础的人民民主专政的社会主义国家的国体和人民代表大会制度的政体，确定了国家的根本任务、领导核心、指导思想、发展道路、奋斗目标，规定了中国共产党领导的多党合作和政治协商制度、民族区域自治制度以及基层群众自治制度，规定了社会主义法治原则、民主集中制原则、尊重和保障人权原则，等等，反映了我国各族人民共同意志和根本利益。

三十多年来的发展历程充分证明，我国宪法有力坚持了中国共产党领导，有力保障了人民当家作主，有力促进了改革开放和社会主义现代化建设，有力推动了社会主义法治国家建设进程，有力维护了国家统一、民族团结、社会稳定，是符合国情、符合实际、符合时代发展要求的好宪法，是充分体现人民共同意志、充分保障人民民主权利、充分维护人民根本利益的好宪法，是推动国家发展进步、保证人民创造幸福生活、保障中华民族实现伟大复兴的好宪法，是我们国家和人民经受住各种困难和风险考验、始终沿着中国特色社会主义道路前进的根本法治保障。我国宪法确立的一系列制度、原则和规则，确定的一系列大政方针，具有显著优势、坚实基础、强大生命力，必须长期坚持、全面贯彻。

第二，宪法只有不断适应新形势、吸纳新经验、确认新成果、作出新规范，才具有持久生命力。

1982 年宪法公布施行后，根据我国改革开放和社会主义现代化建设的实践和发展，在党中央领导下，全国人大于 1988 年、1993 年、1999 年、2004 年先后四次对 1982 年宪法即我国现行宪法的个别条款和部分内容作出必要的、也是十分重要的修正，共通过了三十一条宪法修正案。

总的看，四次宪法修改体现了中国共产党领导人民进行改革开放和社会主义现代化建设的成功经验，体现了中国特色社会主义道路、理论、制度、文化的发展成果。通过四次宪法修改，我国宪法在中国特色社会主义伟大实践中紧跟时代步伐，不断与时俱进，有力推动和保障了党和国家事业发展，有力推动和加强了我国社会主义法治建设。

回顾我国宪法制度发展历程，我们愈加感到，我国宪法同党和人民进行的艰苦奋斗和创造的辉煌成就紧密相连，同党和人民开辟的前进道路和积累的宝贵经验紧密相连。我国宪法必须随着党领导人民建设中国特色社会主义实践的发展而不断完善发展。这是我国宪法发展的一个显著特点，也是一条基本规律。由宪法及时确认党和人民创造的伟大成就和宝贵经验，以更好发挥宪法的规范、引领、推动、保障作用，是实践发展的必然要求。

第三，根据新时代坚持和发展中国特色社会主义的新形势新实践，在总体保持我国宪法连续性、稳定性、权威性的基础上，有必要对我国宪法作出适当的修改。

自 2004 年宪法修改以来，党和国家事业又有了许多重要发展变化。特别是党的十八大以来，以习近平同志为核心的党中央团结带领全国各族人民毫不动摇坚持和发展中国特色社会主义，统筹推进“五位一体”总体布局、协调推进“四个全面”战略布局，推进党的建设新的伟大工程，形成一系列治国理政新理念新思想新战略，推动党和国家事业取得历史性成就、发生历史性变革，中国特色社会主义进入了新时代。党的十九大在新的历史起点上对新时代坚持和发展中国特色社会主义作出重大战略部署，提出了一系列重大政治论断，确立了习近平新时代中国特色社会主义思想在全党的指导地位，确定了新的奋斗目标，对党和国家事业发展具有重大指导和引领意义。

在党的十九大文件起草和形成过程中，在全党全国上下学习贯彻党的十九大精神过程中，都有许多单位和同志提出，应该根据党的十九大精神对我国现行宪法作出必要的修改完善，把党和人民在实践中取得的重大理论创新、实践创新、制度创新成果通过国家根本法确认下来，使之成为全国各族人民的共同遵循，成为国家各项事业、各方面工作的活动准则。

党中央决定对宪法进行适当修改，是经过反复考虑、综合方方面面情况作出的，目的是通过修改使我国宪法更好体现人民意志，更好体现中国特色社会主义制度的优势，更好适应推进国家治理体系和治理能力现代化的要求。这对于全面贯彻党的十九大精神、广泛动员和组织全国各族人民为夺取新时代中国特色社会主义伟大胜利而奋斗具有十分重大的意义。

## 二、关于宪法修改的总体要求和原则

宪法修改是事关全局的重大政治活动和重大立法活动，必须在党中央集中统一领导下进行。党中央确定的这次宪法修改的总体要求是，高举中国特色社会主义伟大旗帜，全面贯彻党的十九大精神，坚持以马克思列宁主义、毛泽东思想、邓小平理论、“三个代表”重要思想、科学发展观、习近平新时代中国特色社会主义思想为指导，坚持党的领导、人民当家作主、依法治国有机统一，把党的十九大确定的重大理论观点和重大方针政策特别是习近平新时代中国特色社会主义思想载入国家根本法，体现党和国家事业发展的新成就新经验新要求，在总体保持我国宪法连续性、稳定性、权威性的基础上推动宪法与时俱进、完善发展，为新时代坚持和发展中国特色社会主义、实现“两个一百年”奋斗目标和中华民族伟大复兴的中国梦提供有力宪法保障。

贯彻和体现上述总体要求，这次宪法修改要遵循以下原则。

一是坚持党对宪法修改的领导。坚持党中央集中统一领导，增强政治意识、大局意识、核心意识、看齐意识，坚定中国特色社会主义道路自信、理论自信、制度自信、文化自信，坚定不移走中国特色社会主义政治发展道路和中国特色社会主义法治道路，把坚持党中央集中统一领导贯穿于宪法修改全过程，确保宪法修改的正确政治方向。

二是严格依法按程序推进宪法修改。宪法第六十四条对宪法修改作出了明确规定。在党中央领导下，通过历次宪法修改实践，已经形成了符合宪法精神、行之有效的修宪工作程序和机制。先形成《中共中央关于修改宪法部分内容的建议（草案）》，经党中央全会审议和通过；再依法形成《中华人民共和国宪法修正案（草案）》，由全国人大常委会提请全国人民代表大会审议和通过。

三是充分发扬民主、广泛凝聚共识。宪法修改关系全局，影响广泛而深远，既要适应党和人民事业发展要求，又要遵循宪法法律发展规律。做好宪法修改工作，必须贯彻科学立法、民主立法、依法立法的要求，充分发扬民主，广泛凝聚共识，注重从政治上、大局上、战略上分析问题，注重从宪法发展的客观规律和内在要求上思考问题。

四是坚持对宪法作部分修改、不作大改。我国现行宪法是一部好宪法。对各方面普遍要求修改、实践证明成熟、具有广泛共识、需要在宪法上予以体现和规范、非改不可的，进行必要的、适当的修改；对不成熟、有争议、有待进一步研究的，不作修改；对可改可不改、可以通过有关法律或者宪法解释予以明确的，原则上不作修改，保持宪法的连续性、稳定性、权威性。

形成中央修宪建议草案稿和宪法修正案（草案）的过程，很好贯彻和遵循了党中央确定的上述总体要求和原则。

## 三、关于中央修宪建议和宪法修正案（草案）的形成过程

2017 年 9 月 29 日，习近平总书记主持召开中央政治局会议，决定启动宪法修改工作，对宪法适时作出必要修改。为此，决定成立宪法修改小组，在中共中央政治局常委会领导下开展工作，由张德江同志任组长，栗战书、王沪宁同志任副组长，党中央、全国人大、国务院有关单位、最高人民法院、最高人民检察院等有关方面的负责同志参加。

根据党中央对宪法修改的部署，2017 年 11 月 13 日，党中央发出征求对修改宪法部分内容意见的通知，请各地区各部门各方面在精心组织讨论、广泛听取意见的基础上提出宪法修改建议。各地区各部门各方面共提交书面报告 118 份。受党中央委托，中央统战部召开党外人士座谈会，听取各民主党派中央、全国工商联负责人和无党派人士代表的意见和建议。经过梳理，各地区各部门各方面共提出修改意见 2639 条。宪法修改小组认真贯彻党的十九大精神和党中央确定的总体要求和原则，深入研究、扎实工作，在充分发扬民主、广泛征求意见的基础上，经反复修改形成了中央修宪建议草案稿。

中央政治局常委会会议、中央政治局会议分别审议了中央修宪建议草案稿。12 月 12 日，根据党中央决定，中央办公厅发出通知，就中央修宪建议草案稿下发党内一定范围征求意见。各地区各部门各方面反馈书面报告 118 份，共提出修改意见 230 条。党中央还以适当方式征求了党内部分老同志的意见。

12 月 15 日，习近平总书记主持召开党外人士座谈会，当面听取各民主党派中央、全国工商联负责人和无党派人士代表的意见和建议。党外人士提交了书面发言稿 10 份。

2018 年 1 月 2 日至 3 日，根据党中央安排，张德江同志主持召开 4 场座谈会，分别听取中央和国家机关有关部门党委（党组）负责同志、智库和专家学者、各省区市人大常委会党组负责同志对中央修宪建议草案稿的意见和建议。与会同志提交书面材料 52 份。

从征求意见的情况看，各地区各部门各方面坚决拥护党中央关于宪法修改的决策部署，一致认同这次修改宪法的总体要求和原则，完全赞成中央修宪建议草案稿，认为中央修宪建议草案稿总体上已经成熟。一致认为这次宪法修改充分体现了党的领导、人民当家作主、依法治国有机统一，体现了党的主张与人民意志有机统一，对推动宪法与时俱进、完善发展，为新时代坚持和发展中国特色社会主义提供有力宪法保障，具有十分重大的意义。一致赞成把科学发展观、习近平新时代中国特色社会主义思想写入宪法序言部分；一致赞成把“中国共产党领导是中国特色社会主义最本质的特征”写进宪法第一章总纲条文部分；一致赞成对国家主席任期作出新的规定；一致赞成在宪法第三章国家机构中增加一节“监察委员会”，就国家监察委员会和地方各级监察委员会的性质、地位、名称、人员组成、任期任届、领导体制、工作机制等作出规定；一致赞成对宪法序言和条文部分作出的其他修改，包括充实中国特色社会主义事业总体布局和第二个百年奋斗目标、实现中华民族伟大复兴的内容，完善依法治国和宪法实施举措，充实我国革命、建设、改革发展历程的内容，充实爱国统一战线和民族关系的内容，充实对外政策方面的内容，增加倡导社会主义核心价值观的内容，增加设区的市制定地方性法规的规定，等等。

对各地区各部门各方面的意见和建议，宪法修改小组认真汇总梳理，逐条进行研究，对中央修宪建议草案稿作出进一步修改完善。中央政治局常委会会议和中央政治局会议再次审议了修改后的中央修宪建议草案稿。

2018 年 1 月 18 日至 19 日，中国共产党第十九届中央委员会第二次全体会议审议并通过了《中共中央关于修改宪法部分内容的建议》，习近平总书记作了重要讲话，张德江同志就建议草案向全会作了说明。1 月 26 日，中共中央向全国人大常委会提出《中国共产党中央委员会关于修改宪法部分内容的建议》。

1月29日至30日，十二届全国人大常委会召开第三十二次会议，中共中央政治局常委、宪法修改小组副组长栗战书同志受中共中央委托，就中央修宪建议向常委会作了说明。会议讨论了中央修宪建议，一致表示坚决拥护党中央关于宪法修改工作的决策部署，一致赞同党中央确定的这次宪法修改的总体要求和原则，一致认为中央修宪建议是成熟的。受委员长会议委托，全国人大常委会法制工作委员会以中央修宪建议为基础，拟订了《中华人民共和国宪法修正案（草案）》和《全国人民代表大会常务委员会关于提请审议〈中华人民共和国宪法修正案（草案）〉的议案》；经会议审议和表决，决定将宪法修正案（草案）提请十三届全国人大一次会议审议。

## 四、关于宪法修正案（草案）的具体内容

宪法修正案（草案）提出，对我国现行宪法作出二十一条修改，其中十一条同设立监察委员会有关。具体修改内容如下。

**（一）确立科学发展观、习近平新时代中国特色社会主义思想在国家政治和社会生活中的指导地位**

宪法修正案（草案）将宪法序言第七自然段中“在马克思列宁主义、毛泽东思想、邓小平理论和‘三个代表’重要思想指引下”修改为“在马克思列宁主义、毛泽东思想、邓小平理论、‘三个代表’重要思想、科学发展观、习近平新时代中国特色社会主义思想指引下”。同时，在“自力更生，艰苦奋斗”前增写“贯彻新发展理念”。主要考虑是：科学发展观是党的十六大以来以胡锦涛同志为主要代表的中国共产党人推进马克思主义中国化的重大成果，党的十八大党章修正案已经将其确立为党的指导思想。习近平新时代中国特色社会主义思想是马克思主义中国化最新成果，是党和人民实践经验和集体智慧的结晶，是中国特色社会主义理论体系的重要组成部分，是全党全国人民为实现中华民族伟大复兴而奋斗的行动指南，是党的十八大以来党和国家事业取得历史性成就、发生历史性变革的根本理论指引，其政治意义、理论意义、实践意义已被实践所充分证明，在全党全国人民中已经形成高度共识。党的十九大党章修正案已经将其确立为党的指导思想。在宪法中把科学发展观、习近平新时代中国特色社会主义思想同马克思列宁主义、毛泽东思想、邓小平理论、

"三个代表"重要思想写在一起，确立其在国家政治和社会生活中的指导地位，反映了全国各族人民的共同意愿，体现了党的主张和人民意志的统一，明确了全党全国人民为实现中华民族伟大复兴而奋斗的共同思想基础，具有重大的现实意义和深远的历史意义。

创新、协调、绿色、开放、共享的新发展理念是党的十八大以来以习近平同志为核心的党中央推动我国经济发展实践的理论结晶，是习近平新时代中国特色社会主义经济思想的主要内容，必须长期坚持、不断丰富发展。把"新发展理念"写入宪法，有利于从宪法上确认这一重要理论成果，更好发挥其在决胜全面建成小康社会，开启全面建设社会主义现代化国家新征程中对我国经济发展的重要指导作用。

（二）调整充实中国特色社会主义事业总体布局和第二个百年奋斗目标的内容

宪法修正案（草案）将宪法序言第七自然段中"推动物质文明、政治文明和精神文明协调发展，把我国建设成为富强、民主、文明的社会主义国家"修改为"推动物质文明、政治文明、精神文明、社会文明、生态文明协调发展，把我国建设成为富强民主文明和谐美丽的社会主义现代化强国，实现中华民族伟大复兴"。与此相适应，在宪法第三章国家机构第三节第八十九条第六项"领导和管理经济工作和城乡建设"后面，增加"生态文明建设"的内容。主要考虑是：从物质文明、政治文明和精神文明协调发展到物质文明、政治文明、精神文明、社会文明、生态文明协调发展，是我们党对社会主义建设规律认识的深化，是对中国特色社会主义事业总体布局的丰富和完善。把我国建设成为富强民主文明和谐美丽的社会主义现代化强国，实现中华民族伟大复兴，是党的十九大确立的奋斗目标。作这样的修改，在表述上与党的十九大报告相一致，有利于引领全党全国人民把握规律、科学布局，在新时代不断开创党和国家事业发展新局面，齐心协力为实现"两个一百年"奋斗目标、实现中华民族伟大复兴的中国梦而不懈奋斗。

（三）完善依法治国和宪法实施举措

宪法修正案（草案）将宪法序言第七自然段中"健全社会主义法制"修改为"健全社会主义法治"。主要考虑是：从健全社会主义法制到健全社会主义法治，是我们党依法治国理念和方式的新飞跃。作这样的修改，有利于推进全面依法治国，建设中国特色社会主义法治体系，加快实现国家治理体系和治理能力现代化，为党和国家事业发展提供根本性、全局性、稳定性、长期性的制度保障。同时，在宪法第一章总纲第二十七条增加一款，作为第三款："国家工作人员就职时应当依照法律规定公开进行宪法宣誓。"主要考虑是：全国人民代表大会常务委员会已于2015年7月1日通过了关于实行宪法宣誓制度的决定，不久前全国人大常委会又作了修订，将宪法宣誓制度在宪法中确认下来，有利于促使国家工作人员树立宪法意识、恪守宪法原则、弘扬宪法精神、履行宪法使命，也有利于彰显宪法权威，激励和教育国家工作人员忠于宪法、遵守宪法、维护宪法，加强宪法实施。

（四）充实完善我国革命和建设发展历程的内容

宪法修正案（草案）将宪法序言第十自然段中"在长期的革命和建设过程中"修改为"在长期的革命、建设、改革过程中"；将宪法序言第十二自然段中"中国革命和建设的成就是同世界人民的支持分不开的"修改为"中国革命、建设、改革的成就是同世界人民的支持分不开的"。作这些修改，党和人民团结奋斗的光辉历程就更加完整。

（五）充实完善爱国统一战线和民族关系的内容

宪法修正案（草案）将宪法序言第十自然段中"包括全体社会主义劳动者、社会主义事业的建设者、拥护社会主义的爱国者和拥护祖国统一的爱国者的广泛的爱国统一战线"修改为"包括全体社会主义劳动者、社会主义事业的建设者、拥护社会主义的爱国者、拥护祖国统一和致力于中华民族伟大复兴的爱国者的广泛的爱国统一战线"。主要考虑是：实现中华民族伟大复兴的中国梦已经成为团结海内外中华儿女的最大公约数。实现中国梦，需要凝聚各方面的力量共同奋斗。只有把全体社会主义劳动者、社会主义事业的建设者、拥护社会主义的爱国者、拥护祖国统一和致力于中华民族伟大复兴的爱国者都团结起来、凝聚起来，实现中国梦才能获得强大持久广泛的力量支持。将宪法序言第十一自然段中"平等、团结、互助的社会主义民族关系已经确立，并将继续加强"修改为"平等团结互助和谐的社会主义民族关系已经确立，并将继续加强"。与此相适应，将宪法第一章总纲第四条第一款中"维护和发展各民族的平等、团结、互助关系"修改为"维护和发展各民族的平等团结互助和谐关系"。主要考虑是：巩固和发展平等团结互助和谐的社会主义民族关系，是党的十八大以来以习近平同志为核心的党中央反复强调的一个重要思想。作这样的修改，有利于铸牢中华民族共同体意识，加强各民族交往交流交融，促进各民族和睦相处、和衷共济、和谐发展。

**（六）充实和平外交政策方面的内容**

宪法修正案（草案）在宪法序言第十二自然段中“中国坚持独立自主的对外政策，坚持互相尊重主权和领土完整、互不侵犯、互不干涉内政、平等互利、和平共处的五项原则”后增加“坚持和平发展道路，坚持互利共赢开放战略”；将“发展同各国的外交关系和经济、文化的交流”修改为“发展同各国的外交关系和经济、文化交流，推动构建人类命运共同体”。作这样的修改，有利于正确把握国际形势的深刻变化，顺应和平、发展、合作、共赢的时代潮流，统筹国内国际两个大局、统筹发展安全两件大事，为我国发展拓展广阔的空间、营造良好的外部环境，为维护世界和平、促进共同发展作出更大贡献。

**（七）充实坚持和加强中国共产党全面领导的内容**

宪法修正案（草案）在宪法第一章总纲第一条第二款“社会主义制度是中华人民共和国的根本制度。”后增写一句，内容为：“中国共产党领导是中国特色社会主义最本质的特征。”主要考虑是：中国共产党是执政党，是国家的最高政治领导力量。中国共产党领导是中国特色社会主义最本质的特征，是中国特色社会主义制度的最大优势。宪法从社会主义制度的本质属性角度对坚持和加强党的全面领导进行规定，有利于在全体人民中强化党的领导意识，有效把党的领导落实到国家工作全过程和各方面，确保党和国家事业始终沿着正确方向前进。

**（八）增加倡导社会主义核心价值观的内容**

宪法修正案（草案）将宪法第一章总纲第二十四条第二款中“国家提倡爱祖国、爱人民、爱劳动、爱科学、爱社会主义的公德”修改为“国家倡导社会主义核心价值观，提倡爱祖国、爱人民、爱劳动、爱科学、爱社会主义的公德”。主要考虑是：社会主义核心价值观是当代中国精神的集中体现，凝结着全体人民共同的价值追求。作这样的修改，贯彻了党的十九大精神，有利于在全社会树立和践行社会主义核心价值观，巩固全党全国各族人民团结奋斗的共同思想道德基础。

（九）修改国家主席任职方面的有关规定

宪法修正案（草案）将宪法第三章国家机构第七十九条第三款“中华人民共和国主席、副主席每届任期同全国人民代表大会每届任期相同，连续任职不得超过两届”中“连续任职不得超过两届”删去。主要考虑是：这次征求意见和在基层调研过程中，许多地区、部门和广大党员干部群众一致呼吁修改宪法中国家主席任职期限的有关规定。党的十八届七中全会和党的十九大召开期间，与会委员代表在这方面的呼声也很强烈。大家一致认为，目前，党章对党的中央委员会总书记、党的中央军事委员会主席，宪法对中华人民共和国中央军事委员会主席，都没有作出“连续任职不得超过两届”的规定。宪法对国家主席的相关规定也采取上述做法，有利于维护以习近平同志为核心的党中央权威和集中统一领导，有利于加强和完善国家领导体制。

（十）增加设区的市制定地方性法规的规定

宪法修正案（草案）在宪法第三章国家机构第一百条增加一款，作为第二款：“设区的市的人民代表大会和它们的常务委员会，在不同宪法、法律、行政法规和本省、自治区的地方性法规相抵触的前提下，可以依照法律规定制定地方性法规，报本省、自治区人民代表大会常务委员会批准后施行。”增加这一规定，有利于设区的市在宪法法律的范围内，制定体现本行政区域实际的地方性法规，更为有效地加强社会治理、促进经济社会发展，也有利于规范设区的市制定地方性法规的活动。

（十一）增加有关监察委员会的各项规定

为了贯彻和体现深化国家监察体制改革的精神，为成立监察委员会提供宪法依据，宪法修正案（草案）在宪法第三章国家机构第六节后增加一节，作为第七节“监察委员会”，就国家监察委员会和地方各级监察委员会的性质、地位、名称、人员组成、任期任届、领导体制、工作机制等作出规定。与此相适应，还作了如下修改。（1）将宪法第一章总纲第三条第三款中“国家行政机关、审判机关、检察机关都由人民代表大会产生”修改为“国家行政机关、监察机关、审判机关、检察机关都由人民代表大会产生”。（2）将宪法第三章国家机构第六十五条第四款“全国人民代表大会常务委员会的组成人员不得担任国家行政机关、审判机关和检察机关的职务”修改为“全国人民代表大会常务委员会的组成人员不得担任国家行政机关、监察机关、审判机关和检察机关的职务”。(3) 将宪法第三章国家机构第一百零三条第三款“县级以上的地方各级人民代表大会常务委员会的组成人员不得担任国家行政机关、审判机关和检察机关的职务”修改为“县级以上的地方各级人民代表大会常务委员会的组成人员不得担任国家行政机关、监察机关、审判机关和检察机关的职务”。(4) 在宪法第三章国家机构第六十二条第六项后增加一项，内容为“选举国家监察委员会主任”；在宪法第六十三条第三项后增加一项，内容为“国家监察委员会主任”；在宪法第六十七条第六项中增加“国家监察委员会”；在第十项后增加一项，内容为“根据国家监察委员会主任的提请，任免国家监察委员会副主任、委员”。(5) 将宪法第三章国家机构第一百零一条第二款中“县级以上的地方各级人民代表大会选举并且有权罢免本级人民法院院长和本级人民检察院检察长”修改为“县级以上的地方各级人民代表大会选举并且有权罢免本级监察委员会主任、本级人民法院院长和本级人民检察院检察长”；将宪法第一百零四条中“监督本级人民政府、人民法院和人民检察院的工作”修改为“监督本级人民政府、监察委员会、人民法院和人民检察院的工作”。(6) 删去宪法第三章国家机构第八十九条第八项“领导和管理民政、公安、司法行政和监察等工作”中的“和监察”。删去宪法第一百零七条第一款“县级以上地方各级人民政府依照法律规定的权限，管理本行政区域内的经济、教育、科学、文化、卫生、体育事业、城乡建设事业和财政、民政、公安、民族事务、司法行政、监察、计划生育等行政工作”中的“监察”。作上述修改，反映了党的十八大以来深化国家监察体制改革的成果，贯彻了党的十九大关于健全党和国家监督体系的部署，也反映了设立国家监察委员会和地方各级监察委员会后，全国人民代表大会及其常务委员会和地方各级人民代表大会及其常务委员会、国务院和地方各级人民政府职权的新变化以及工作的新要求。

关于宪法修正案（草案），这里还需要说明的是，我国现行宪法即1982年宪法公布施行后，全国人大先后四次作出修正，共通过三十一条宪法修正案，三十一条宪法修正案单独排序。其中，1988年修正案二条，即第一条和第二条；1993年修正案九条，即第三条至第十一条；1999年修正案六条，即第十二条至第十七条；2004年修正案十四条，即第十八条至第三十一条。因此，现在提请本次会议审议的宪法修正案（草案），从第三十二条起排列条序，共二十一条宪法修正案，即第三十二条至第五十二条。

需要说明的是，在中央修宪建议和宪法修正案（草案）形成过程中，各地区各部门各方面就坚持和加强中国共产党领导、经济建设、政治建设、文化建设、社会建设、生态文明建设、外交工作、国防和军队建设、国家安全、港澳台工作、党的建设等提出了很多很好的修改意见和建议，现在宪法修正案（草案）提出的修改虽然不多，但覆盖面宽、覆盖率高，修改内容在党内外具有广泛的高度的共识。除此之外，各地区各部门各方面还提出了不少修改意见和建议。对每一条意见和建议，党中央都责成宪法修改小组作了认真研究和考虑。这次宪法修改，党中央确定的原则是对宪法作部分修改、不作大改，非改不可的进行必要的、适当的修改。有些修改意见和建议，党章、党的全国代表大会文件、中央全会文件、党中央和国务院文件、有关法律法规已经明确规定和全面阐述的，这次就不再在宪法中表述了。有些修改意见和建议，将来可以通过制定和修改有关法律、行政法规来解决，可以通过宪法解释或者在有关法律案说明、回应性文件中作进一步明确和澄清。有些修改意见和建议，则需要对深化相关领域改革作出决策部署、经过实践检验后再考虑完善宪法有关规定。

2 月 28 日，党的十九届三中全会审议通过的《深化党和国家机构改革方案》提出，将“全国人大法律委员会”更名为“全国人大宪法和法律委员会”。上述调整涉及宪法第七十条中法律委员会名称的规定。根据党中央精神，将这个问题在本次会议审议宪法修正案（草案）时一并考虑。

关于宪法文本问题。为了维护宪法的权威和尊严，保证宪法文本的统一，同时有利于学习宣传和贯彻实施宪法，参照以往做法，建议本次会议通过宪法修正案后，由大会秘书处根据宪法修正案对宪法有关内容作相应的修正，将 1982 年宪法原文、历次宪法修正案和根据宪法修正案修正的文本（即 2018 年修正文本）同时予以公布。

《中华人民共和国宪法修正案（草案）》和以上说明，请审议。

[司法解释、司法指导性文件与解读]

最高人民法院　最高人民检察院

# 关于办理药品、医疗器械注册申请材料造假刑事案件适用法律若干问题的解释

法释〔2017〕15号

（2017年4月10日最高人民法院审判委员会第1714次会议、2017年6月8日最高人民检察院第十二届检察委员会第65次会议通过　2017年8月14日最高人民法院、最高人民检察院公告公布　自2017年9月1日起施行）

为依法惩治药品、医疗器械注册申请材料造假的犯罪行为，维护人民群众生命健康权益，根据《中华人民共和国刑法》《中华人民共和国刑事诉讼法》的有关规定，现就办理此类刑事案件适用法律的若干问题解释如下：

**第一条**　药物非临床研究机构、药物临床试验机构、合同研究组织的工作人员，故意提供虚假的药物非临床研究报告、药物临床试验报告及相关材料的，应当认定为刑法第二百二十九条规定的“故意提供虚假证明文件”。

实施前款规定的行为，具有下列情形之一的，应当认定为刑法第二百二十九条规定的“情节严重”，以提供虚假证明文件罪处五年以下有期徒刑或者拘役，并处罚金：

（一）在药物非临床研究或者药物临床试验过程中故意使用虚假试验用药品的；

（二）瞒报与药物临床试验用药品相关的严重不良事件的；

（三）故意损毁原始药物非临床研究数据或者药物临床试验数据的；

（四）编造受试动物信息、受试者信息、主要试验过程记录、研究数据、检测数据等药物非临床研究数据或者药物临床试验数据，影响药品安全性、有效性评价结果的；

（五）曾因在申请药品、医疗器械注册过程中提供虚假证明材料受过刑事处罚或者二年内受过行政处罚，又提供虚假证明材料的；

（六）其他情节严重的情形。

**第二条** 实施本解释第一条规定的行为，索取或者非法收受他人财物的，应当依照刑法第二百二十九条第二款规定，以提供虚假证明文件罪处五年以上十年以下有期徒刑，并处罚金；同时构成提供虚假证明文件罪和受贿罪、非国家工作人员受贿罪的，依照处罚较重的规定定罪处罚。

**第三条** 药品注册申请单位的工作人员，故意使用符合本解释第一条第二款规定的虚假药物非临床研究报告、药物临床试验报告及相关材料，骗取药品批准证明文件生产、销售药品的，应当依照刑法第一百四十一条规定，以生产、销售假药罪定罪处罚。

**第四条** 药品注册申请单位的工作人员指使药物非临床研究机构、药物临床试验机构、合同研究组织的工作人员提供本解释第一条第二款规定的虚假药物非临床研究报告、药物临床试验报告及相关材料的，以提供虚假证明文件罪的共同犯罪论处。

具有下列情形之一的，可以认定为前款规定的“指使”，但有相反证据的除外：

（一）明知有关机构、组织不具备相应条件或者能力，仍委托其进行药物非临床研究、药物临床试验的；

（二）支付的价款明显异于正常费用的。

药品注册申请单位的工作人员和药物非临床研究机构、药物临床试验机构、合同研究组织的工作人员共同实施第一款规定的行为，骗取药品批准证明文件生产、销售药品，同时构成提供虚假证明文件罪和生产、销售假药罪的，依照处罚较重的规定定罪处罚。

**第五条** 在医疗器械注册申请中，故意提供、使用虚假的医疗器械临床试验报告及相关材料的，参照适用本解释第一条至第四条规定。

**第六条** 单位犯本解释第一条至第五条规定之罪的，对单位判处罚金，并依照本解释规定的相应自然人犯罪的定罪量刑标准对直接负责的主管人员和其他直接责任人员定罪处罚。

**第七条** 对药品、医疗器械注册申请负有核查职责的国家机关工作人员，滥用职权或者玩忽职守，导致使用虚假证明材料的药品、医疗器械获得注册，致使公共财产、国家和人民利益遭受重大损失的，应当依照刑法第三百九十七条规定，以滥用职权罪或者玩忽职守罪追究刑事责任。

**第八条** 对是否属于虚假的药物非临床研究报告、药物或者医疗器械临床试验报告及相关材料，是否影响药品或者医疗器械安全性、有效性评价结果，以及是否属于严重不良事件等专门性问题难以确定的，可以根据国家药品监督管理部门设置或者指定的药品、医疗器械审评等机构出具的意见，结合其他证据作出认定。

**第九条** 本解释所称“合同研究组织”，是指受药品或者医疗器械注册申请单位、药物非临床研究机构、药物或者医疗器械临床试验机构的委托，从事试验方案设计、数据统计、分析测试、监查稽查等与非临床研究或者临床试验相关活动的单位。

**第十条** 本解释自2017年9月1日起施行。

## 解读——

# 《关于办理药品、医疗器械注册申请材料造假刑事案件适用法律若干问题的解释》

缐　杰　卢宇蓉　吴飞飞*

最高人民法院、最高人民检察院联合制定的《关于办理药品、医疗器械注册申请材料造假刑事案件适用法律若干问题的解释》（以下简称《解释》），

* 作者单位：最高人民检察院研究室。

分别经2017年4月10日最高法审判委员会第1714次会议、2017年6月8日最高检第十二届检察委员会第六十五次会议审议通过，于2017年8月15日公布，自2017年9月1日起施行。为便于准确理解和适用《解释》的相关规定，现对《解释》的制定背景和主要内容说明如下：

## 一、制定背景及经过

党中央、国务院高度重视药品安全监管工作，习近平总书记等中央领导同志多次作出重要指示，要求加快完善统一权威的监管体制和制度，把最严谨的标准、最严格的监管、最严厉的处罚、最严肃的问责落到实处，确保人民群众用药安全、有效。为了贯彻落实中央有关要求，2015年7月开始，国家食药监总局在全国开展药物临床试验数据自查核查工作，发现药品注册过程中存在大量试验数据涉嫌造假的行为，而提供试验数据的中介机构成为药物临床试验监管薄弱环节。药物临床试验数据造假直接影响药品质量、医疗效果，扰乱医疗行业监管秩序，危及人民群众身体健康和生命安全，社会各界反映强烈。为此，2016年2月，国家食药监总局商请“两高”出台有关司法解释，依法惩治药品、医疗器械注册过程中的数据造假违法犯罪行为。

2016年7月至10月，“两高”研究室共同起草解释初稿，召开由公安部、国家食药监总局等相关部门人员参加的专题座谈会，对解释初稿进行逐条修改，形成了解释征求意见稿。10月至11月，“两高”分别在检法系统征求意见，召开专家论证会，征求了公安部、国家食药监总局的意见，并多次召开专题会对解释征求意见稿进行修改完善。12月，征求了全国人大常委会法工委意见。“两高”审委会和检委会审议讨论过程中，又就个别问题进行反复研究，后又再次征求全国人大常委会法工委的意见。最终形成本《解释》。

## 二、主要内容及说明

《解释》共十条。主要解决三个问题：一是药物非临床研究机构、药物临床试验机构、合同研究组织及其工作人员，弄虚作假，提供报告严重失实构成犯罪的，可以提供虚假证明文件罪定罪处罚。二是药品注册申请人弄虚作假，使用虚假的非临床研究或者临床试验报告及相关材料，骗取药品批准证明文件并生产、销售药品构成犯罪的，可以生产、销售假药罪定罪处罚。三是对于医疗器械注册申请中临床试验数据造假行为，参照有关药品数据造假规定，追究相应刑事责任。

（一）对药物临床试验机构等“中介组织”的定罪处罚标准

《解释》用两个条文对药物非临床研究机构、药物临床试验机构、合同研究组织三类主体构成提供虚假证明文件罪的定罪处罚问题作出规定。

第一条规定了药物非临床研究机构、药物临床试验机构、合同研究组织的工作人员作为提供虚假证明文件行为的主体及其“情节严重”的标准。

第一款是对“故意提供虚假证明文件”行为定性的规定，同时也解决了药物非临床研究机构、药物临床试验机构、合同研究组织工作人员的主体身份问题。刑法第二百二十九条是对“承担资产评估、验资、验证、会计、审计、法律服务等职责的中介组织”的规定，体现了该条规定的犯罪主体的特征，即依法设立，连接各类市场主体（包括政府）并为其从事相关行为提供服务的特定组织。在市场经济活动中，对有关单位和人员是否属于刑法规定的“中介组织”“中介组织人员”，不应从有关单位的名称、所有制性质、主营业务等进行界定，而应根据其所从事的相关业务活动是否具有中介性质进行判断。药物非临床研究机构、药物临床试验机构、合同研究组织及其工作人员根据委托开展研究并提供药物非临床研究报告、药物临床试验报告及相关材料，与“资产评估、验资、验证、会计、审计、法律服务”一样，处于居中证明的中介地位，其接受委托并为委托人提供的特定服务属中介服务，符合第二百二十九条规定的有关中介组织的主体特征。

第二款共六项，明确了故意提供虚假证明文件“情节严重”的标准。第一项规定了“在药物非临床研究或者药物临床试验过程中故意使用虚假试验用药品”的情形。如，不使用拟注册为药品的药物作研究、试验，以参比制剂替代试验组用药或者以试验组用药替代参比制剂、以市场购买的药品替代自行研制试验用药品等，必然影响药品的安全性、有效性评价结果，是实践中最恶劣的数据造假行为。

第二项规定了“瞒报与药物临床试验用药品相关的严重不良事件”的情形。根据《药物临床试验质量管理规范》（以下简称《临床管理规范》）第六十八条，“严重不良事件，系指临床试验过程中发生需住院治疗、延长住院时间、伤残、影响工作能力、危及生命或死亡、导致先天畸形等事件”。《临床管理规范》第二十六条规定："在临床试验过程中如发生严重不良事件，研究者应立即对受试者采取适当的治疗措施，同时报告药品监督管理部门、卫生行政部门、申办者和伦理委员会，并在报告上签名及注明日期。"这里的瞒报包含不报和谎报等情形。瞒报严重不良事件，必然影响药品的安全性评价结果，导致不安全药品上市，危害人民健康。需要强调的是，这里的瞒报是基于行为人故意实施的。如果过失漏报的，不构成本罪。

第三项规定了"故意损毁原始药物非临床研究数据或者药物临床试验数据"的情形。一般认为，"故意损毁原始药物非临床研究数据或者药物临床试验数据"，是抗拒检查、意图逃避责任的行为，应予惩处。《临床管理规范》第六十二条规定，"临床试验中有关所有观察结果和发现都应加以核实，在数据处理的每一阶段必须进行质量控制，以保证数据完整、准确、真实、可靠。"第五十二条规定："临床试验中的资料均须按规定保存及管理。研究者应保存临床试验资料至临床试验终止后五年。申办者应保存临床试验资料至试验药物被批准上市后五年。"实践中，会出现一些行为人为了抗拒检查，故意损毁（包含销毁、删除）原始资料，导致原始数据灭失、无法查证是否有造假行为，据此可以推定其实施了数据造假行为。

第四项规定了"编造受试动物信息、受试者信息、主要试验过程记录、研究数据、检测数据等药物非临床研究数据或者药物临床试验数据，影响药品安全性、有效性评价结果"的情形。对该类数据造假行为要根据造假行为的情节、后果区别处理，只有"影响药品安全性、有效性评价结果"的才应该以本罪论处。

第五项规定了"曾因在申请药品、医疗器械注册过程中提供虚假证明材料受过刑事处罚或者二年内受过行政处罚，又提供虚假证明材料"的情形。该项规定是在《最高人民检察院、公安部关于公安机关管辖的刑事案件立案追诉标准的规定（二）》（以下简称《立案追诉标准（二）》）"二年内因提供虚假证明文件，受过行政处罚二次以上，又提供虚假证明文件的"基础上修改。这是基于从严惩处药品注册造假行为的考虑，规定受过行政处罚后二年内再犯的，就构成犯罪，降低了入罪门槛，使之更符合实际。

第六项是兜底项，以适用以后可能出现的新情况。

需要说明的是，考虑到药品注册申请材料造假行为的特殊性，本解释并未吸收《立案追诉标准（二）》第八十一条第一项至第三项规定的数额标准，如“违法所得数额在十万元以上的”。主要考虑：一是药物非临床研究或者临床试验的周期长、范围广、环节多，个别数据难免遗漏、失实，但只要不影响药品的安全性、有效性评价结果，就不宜入罪；二是目前药物非临床研究或者临床试验的行业收费标准均远远超过十万元，若坚持适用《立案追诉标准（二）》规定的数额标准，则基本上所有造假行为均可入罪，打击面恐过宽。另外，《立案追诉标准（二）》还规定，虽未达到规定的数额标准，但具有“索取或者非法接受他人财物”情形的，也应当定罪处罚。经研究，不管收受财物多少，也不管是否影响药品的安全性、有效性评价结果，均予以定罪处罚，且一旦定罪，又可能要适用第二百二十九条第二款量刑在五年有期徒刑以上，不够合理，故《立案追诉标准（二）》的此项规定不适用于药品注册数据造假案件。

另外，需要强调的是，关于是否必须在申请人即药品注册申请单位向食药监部门申请注册后才构成本罪问题。经研究，各方一致意见认为，本解释旨在惩治药品、医疗器械注册申请中的造假犯罪行为，原则上，食药监部门在审评中发现造假行为的才移送司法机关处理。但据介绍，食药监部门根据工作安排，也会不定期开展监督检查，如果发现临床试验数据造假，涉嫌犯罪的，也应移送公安机关处理。另外，被委托人向委托人故意提供虚假报告的，也应追责。故本条并未对提供虚假证明文件的阶段作出限制，即不管在哪个阶段、也不管是否向食药监部门提供，只要数据造假、情节严重的，即可构成本罪。

第二条规定了实施故意提供虚假证明文件行为并索取或者非法收受他人财物行为的定罪处罚问题。

实践中，药物非临床研究机构、药物临床试验机构、合同研究组织及其工作人员在进行数据造假行为过程中，存在索取或者非法收受他人财物的情形，对此如何处理涉及刑法第二百二十九条第二款的适用问题。刑法第二百二十九条第二款规定：“前款规定的人员，索取他人财物或者非法收受他人财物，犯前款罪的，处五年以上十年以下有期徒刑，并处罚金。”《解释》研究起草过程中，对于刑法第二百二十九条第二款的适用存在不同观点：第一种意见认为，不管受贿数额多小，均要在五年以上量刑，有时处罚会失之于重；反之，不管受贿数额多大，一律排除以更重的受贿犯罪论处，又明显存在轻纵犯罪的问题。因此，有必要对刑法第二百二十九条第二款规定的“索取他人财物或者非法收受他人财物”作必要的数额限制。第二种意见认为，刑法条文规定明确，不管受贿数额多小，均加重处罚；且不管受贿数额多大，均不以受贿犯罪论处。应适用刑法第二百二十九条第二款规定，处五年以上十年以下有期徒刑，并处罚金。

经研究，我们认为两种意见都存在一定的问题，按照第一种意见，对刑法第二百二十九条第二款规定的“索取他人财物或者非法收受他人财物”作数额限制并无充分的法律依据，而按照第二种意见不管受贿数额多大，均只能以本罪第二款判处五年以上十年以下有期徒刑判处则无法做到罪刑相当，可能放纵一部分严重犯罪。为了解决量刑失衡问题，协调受贿类犯罪与提供虚假证明文件罪的法定刑，《解释》作此规定，实践中要结合案件具体情况，准确定罪量刑。

（二）对药品注册申请人的定罪处罚标准

第三条规定了药品注册申请人自行数据造假行为的性质认定问题。

根据食药监总局反映，在临床试验数据造假案件中，临床试验机构造假、合同研究组织造假和申请人造假，基本上各占三分之一。对于药品注册申请人进行非临床研究、临床试验，或者根本未进行非临床研究、临床试验，自行编造虚假数据，故意提供虚假证明文件的，无法以提供虚假证明文件罪论处。而对药品注册申请人骗取药品批准证明文件并生产、销售药品的，应以生产、销售假药罪论处，主要考虑：一是申请人通过提供虚假材料骗取药品批准证明文件而生产的药品，属以假药论的情形。根据药品管理法第八十二条规定，违反本法规定，提供虚假的证明、文件资料、样品或者采取其他欺骗手段取得《药品生产许可证》《药品经营许可证》《医疗机构制剂许可证》或者药品批准证明文件的，吊销《药品生产许可证》《药品经营许可证》《医疗机构制剂许可证》或者撤销药品批准证明文件，五年内不受理其申请，并处一万元以上三万元以下的罚款。鉴于被撤销的药品批准证明文件自始无效，原来依此无效药品批准证明文件所生产的药品，属于药品管理法第四十八条第三款第二项规定的“必须批准而未经批准生产、进口”的情形，可以假药论处。二是对于明知药品没有安全性、有效性，却骗取批准证明文件生产、销售的，与其他生产、销售假药的行为并无实质差别，同样危害人民群众身体健康，以生产、销售假药论处体现了对药品监管实行最严格监管、最严厉打击的精神。需要强调的是，根据刑法一般理论，如果在申请注册过程中被发现，或者虽取得注册但尚未生产、销售药物的，可以生产、销售假药罪预备论处。

（三）关于药品注册申请数据造假的共同犯罪问题

第四条规定了药品注册申请单位工作人员指使或者与中介组织工作人员共同实施药品注册申请材料造假行为的定罪处罚问题。

国家食药监总局在全国开展药物临床试验数据自查核查工作中，发现一些申请人对于有关机构、组织的数据造假行为不仅明知，甚至是故意指使，严重违反了相关规定，对其行为也应予以惩治，《解释》对此予以明确。

第一款是对药品注册申请单位的工作人员实施“指使”行为以共同犯罪论处的规定。药品注册申请单位的工作人员指使药物非临床研究机构、临床试验机构、合同研究组织的工作人员提供本解释第一条第二款规定的虚假药物非临床研究报告、药物临床试验报告及相关材料的，以提供虚假证明文件罪的共同犯罪论处。该种情形下，中介组织人员对提供虚假数据材料是明知的，药品注册申请单位工作人员主观上也存在授意，至少是暗示的心态，符合共同犯罪应具备共同故意主观要件的要求。

第二款是对“指使”行为认定的规定。第一项规定了“明知有关机构、组织不具备相应条件或者能力，仍委托其进行药物非临床研究、药物临床试验的”情形。根据《药品管理法实施条例》《医疗器械监督管理条例》等规定，药物或者医疗器械临床试验都必须在有相应资格或者资质的临床试验机构进行，以确保临床试验质量。明知有关机构、组织不具备相应资格或者资质，仍违反规定委托其进行临床试验，是造成相关数据失实，进而导致证明文件虚假的重要原因之一，委托人自身罪责难免。《解释》着眼于实质判断，规定明知有关机构、组织不具备相应条件或者能力，仍委托其进行非临床研究或者临床试验的，可以推定为主观上明知（至少是放任）中介机构出具相关失实数据、虚假证明文件，若其仍提供虚假证明文件向药品监督管理部门申请药品或者医疗器械注册的，可以提供虚假证明文件罪的共同犯罪论处。第二项规定了“支付的价款明显异于正常费用的”情形。根据国家食药监总局介绍，目前临床试验数据造假的一个重要原因是，委托人未支付正常费用，导致受托人无法保质保量开展临床试验工作，只能编造相关数据、出具虚假报告。对于受托人出具虚假报告，委托人不仅心知肚明，而且是有意纵容甚至指使。对此种情况，可以提供虚假证明文件罪的共同犯罪论处。这里的“异于”主要是指明显低于正常费用的情形，但是，如果药品注册申请单位支付明显高于正常费用的金额，要求中介机构出具相关报告的，也可能构成本罪。另外，需要强调的是，具备这两种情形的不是必然认定为“指使”，而是“可以认定”，而且允许当事人提出相反证据进行排除。主要考虑：一是根据相关规定，以后对临床试验机构的资质不再认定，非临床研究机构或者临床试验机构均由注册申请单位自主选择，非临床研究机构或者临床试验机构是否具备相关条件和能力，判断可能存在一定难度；二是关于临床试验价格，目前也无明确的标准，判断支付的价款是否明显低于正常费用，也可能存在一定难度。因此，规定应当具有一定灵活性，以适应审判实践中的复杂情况。司法实践中，应当具体结合案件情况，综合判断。

第三款是药品注册申请单位的工作人员和药物非临床研究机构、临床试验机构、合同研究组织的工作人员共同犯罪及罪数的规定。对于申请人指使或者共谋参与药品注册申请资料造假，后使用虚假药品注册申请材料骗取批准证明文件并生产、销售药品的，同时构成提供虚假证明文件罪和生产、销售假药罪的，属于牵连犯，应择一重罪处罚。

（四）关于医疗器械注册申请数据造假的参照适用

第五条规定了医疗器械注册申请过程中的数据造假行为的处理。

医疗器械与药品的监管具有相似性，尤其是第三类医疗器械的申请注册程序与药物的申请注册程序基本相同，如《医疗器械监督管理条例》第十九条规定，“第三类医疗器械进行临床试验对人体具有较高风险的，应当经国务院食品药品监督管理部门批准”，故将在医疗器械注册申请中，故意提供、使用虚假的医疗器械临床试验报告及相关材料的，参照《解释》第一条至第四条的规定定罪处罚。

需要强调的是，鉴于《医疗器械监督管理条例》未对医疗器械非临床研究作出专门规定，因此本解释不对医疗器械的非临床研究进行规范。另外，根据《医疗器械监督管理条例》，医疗器械分为三类，第一类医疗器械实行备案管理，不需要进行临床试验；第二类、第三类医疗器械注册时，除按规定免于临床试验的外，均应当进行临床试验。因此，本条只适用于需要进行临床试验的第二类、第三类医疗器械。

（五）关于注册申请数据造假过程中单位犯罪和相关职务犯罪的规定

第六条规定了对药品、医疗器械注册申请材料造假的单位犯罪应当适用“双罚制”。《解释》规定，单位犯本解释第一条至第五条规定之罪的，对单位判处罚金，并对直接负责的主管人员和其他直接责任人员，依照本解释规定的自然人犯罪的定罪量刑标准处罚。

第七条规定了药品、医疗器械注册申请中国家机关工作人员构成渎职罪的问题。明确对药品、医疗器械注册申请负有核查职责的国家机关工作人员，滥用职权或者玩忽职守，导致使用虚假证明材料的药品、医疗器械获得注册，致使公共财产、国家和人民利益遭受重大损失的，应当依照刑法第三百九十七条规定，以滥用职权罪或者玩忽职守罪追究刑事责任。

（六）对相关专业术语的规定

鉴于药品、医疗器械注册申请过程中涉及诸多专业性问题，《解释》在相关犯罪成立条件上规定了相关专业医学术语，如“药品安全性、有效性评价结果”“严重不良事件”及“合同研究组织”等。为了统一司法适用，《解释》对此作出说明。

第八条规定，对是否属于虚假的药物非临床研究报告、药物或者医疗器械临床试验报告及相关材料，是否影响药品、医疗器械安全性、有效性评价结果，以及是否属于严重不良事件等专门性问题难以确定的，可以根据国家药品监督管理部门设置或者指定的药品、医疗器械审评等机构出具的意见，结合其他证据作出认定。

第九条规定，本解释所称“合同研究组织”，是指受药品或者医疗器械注册申请单位、药物非临床研究机构、药物或者医疗器械临床试验机构的委托，从事试验方案设计、数据统计、分析测试、监查稽查等与非临床研究或者临床试验相关活动的单位。

这是根据医学、药学专家意见，参照国内外有关规定，对合同研究组织作出具体定义，以统一、规范法律适用。相关法律法规规章已有规定，本解释不再明确。

（七）《解释》的生效时间

第十条规定，本解释自2017年9月1日起施行。

# [部门规章、规章性文件与解读]

中国银行保险监督管理委员会　公安部
国家市场监督管理总局　中国人民银行

## 关于规范民间借贷行为　维护经济金融秩序有关事项的通知

2018年4月16日　　　　银保监发〔2018〕10号

**各银监局；各省、自治区、直辖市公安厅（局）、工商局（市场监管部门）、新疆生产建设兵团公安局；中国人民银行上海总部，各分行、营业管理部，各省会（省府）城市中心支行，各副省级城市中心支行；各政策性银行、大型银行、股份制银行，邮储银行，外资银行，金融资产管理公司：**

为规范民间借贷行为，维护经济金融秩序，防范金融风险，切实保障人民群众合法权益，打击金融违法犯罪活动，根据《中华人民共和国银行业监督管理法》《中华人民共和国商业银行法》《中华人民共和国刑法》及《非法金融机构和非法金融业务活动取缔办法》等法律法规，现就有关事项通知如下：

### 一、切实提高认识

近年来，民间借贷发展迅速，以暴力催收为主要表现特征的非法活动愈演愈烈，严重扰乱了经济金融秩序和社会秩序。各有关方面要充分认识规范民间借贷行为的必要性和暴力催收的社会危害性，从贯彻落实全面依法治国基本方略、维护经济金融秩序、保持经济和社会稳定的高度出发，认真抓好相关工作。

## 二、把握工作原则

坚持依法治理、标本兼治、多方施策、疏堵结合的原则，进一步规范民间借贷行为，引导民间资金健康有序流动，对相关非法行为进行严厉打击，净化社会环境，维护经济金融秩序和社会稳定。

## 三、明确信贷规则

严格执行《中华人民共和国银行业监督管理法》《中华人民共和国商业银行法》及《非法金融机构和非法金融业务活动取缔办法》等法律规范，未经有权机关依法批准，任何单位和个人不得设立从事或者主要从事发放贷款业务的机构或以发放贷款为日常业务活动。

## 四、规范民间借贷

民间借贷活动必须严格遵守国家法律法规的有关规定，遵循自愿互助、诚实信用的原则。民间借贷中，出借人的资金必须是其合法收入的自有资金，禁止吸收或变相吸收他人资金用于借贷。民间借贷发生纠纷，应当按照《最高人民法院关于审理民间借贷案件适用法律若干问题的规定》（法释〔2015〕18号）处理。

## 五、严禁非法活动

严厉打击利用非法吸收公众存款、变相吸收公众存款等非法集资资金发放民间贷款。严厉打击以故意伤害、非法拘禁、侮辱、恐吓、威胁、骚扰等非法手段催收贷款。严厉打击套取金融机构信贷资金，再高利转贷。严厉打击面向在校学生非法发放贷款，发放无指定用途贷款，或以提供服务、销售商品为名，实际收取高额利息（费用）变相发放贷款行为。严禁银行业金融机构从业人员作为主要成员或实际控制人，开展有组织的民间借贷。

## 六、改进金融服务

各银行业金融机构以及经有权部门批设的小额贷款公司等发放贷款或融资性质机构应依法合规经营，强化服务意识，采取切实措施，开发面向不同群体的信贷产品。改进金融服务，加大对实体经济的资金支持力度，为实体经济发展创造良好的金融环境，有效疏通金融服务实体经济渠道，服务供给侧结构性改革。

## 七、加强协调配合

民间借贷活动情况复杂、涉及方面多，按照《中华人民共和国银行业监督管理法》《中华人民共和国商业银行法》《非法金融机构和非法金融业务活动取缔办法》的规定，地方人民政府以及有关部门要加强协调配合，依法履行职责。

## 八、依法调查处理

（一）对利用非法吸收公众存款、变相吸收公众存款等非法集资资金发放民间贷款，以故意伤害、非法拘禁、侮辱、恐吓、威胁、骚扰等非法手段催收民间贷款，以及套取银行业金融机构信贷资金，再高利转贷等违反治安管理规定的行为或涉嫌犯罪的行为，公安机关应依法进行调查处理，并将非法发放民间贷款活动的相关材料移送银行业监督管理机构。

（二）对银行业金融机构从业人员参与非法金融活动的，银行业金融机构应当予以纪律处分，构成犯罪的，依法严厉追究刑事责任。

（三）对从事民间借贷咨询等业务的中介机构，工商和市场监管部门应依法加强监管。

## 九、加强宣传引导

银行业监督管理机构、公安机关、工商和市场监管部门、人民银行等有关单位采取各种有效方式向广大人民群众宣传国家金融法律法规和信贷规则。及时向社会公布典型案例，加大宣传教育力度，强化风险警示，增强广大人民群众的风险防范意识，引导自觉抵制非法民间借贷活动。

# 中国银行保险监督管理委员会有关部门负责人就《关于规范民间借贷行为维护经济金融秩序有关事项的通知》答记者问

为进一步规范民间借贷行为，维护经济金融秩序，防范金融风险，切实保障人民群众合法权益，打击金融违法犯罪活动，中国银行保险监督管理委员会会同公安部、国家市场监督管理总局、中国人民银行，联合印发了《关于规范民间借贷行为 维护经济金融秩序有关事项的通知》（以下简称《通知》）。中国银行保险监督管理委员会有关部门负责人回答了记者提问。

**问：发布《通知》的背景是什么？**

**答：**近年来，民间借贷发展迅速，但以暴力催收为主要表现特征的非法活动愈演愈烈，严重扰乱了经济金融秩序和社会秩序，妨碍了正常金融活动的健康发展。为进一步规范民间借贷行为，引导民间资金健康有序流动，防范金融风险，打击金融违法犯罪活动，净化社会环境，维护经济金融秩序和社会稳定，中国银行保险监督管理委员会等部门联合印发了《通知》。

**问：出台《通知》的法律依据是什么？**

**答：**根据《中华人民共和国银行业监督管理法》《中华人民共和国商业银行法》《中华人民共和国刑法》《非法金融机构和非法金融业务活动取缔办法》等法律规范，中国银行保险监督管理委员会等部门联合印发了《通知》，进一步明确相关要求。

**问：《通知》明确的信贷规则是什么？**

**答：**《通知》明确，未经有权机关依法批准，任何单位和个人不得设立从事或者主要从事发放贷款业务的机构或以发放贷款为日常业务活动。

**问：《通知》严禁了哪些非法活动？**

**答：**《通知》指出，严厉打击以下非法金融活动：利用非法吸收公众存款、变相吸收公众存款等非法集资资金发放民间贷款；以故意伤害、非法拘禁、侮辱、恐吓、威胁、骚扰等非法手段催收贷款；套取金融机构信贷资金，再高利转贷；面向在校学生非法发放贷款，发放无指定用途贷款，或以提供服务、销售商品为名，实际收取高额利息（费用）变相发放贷款行为。同时，《通知》要求，严禁银行业金融机构从业人员作为主要成员或实际控制人，开展有组织的民间借贷。

**问：《通知》要求如何开展规范民间借贷工作？**

**答：**一是各银行业金融机构以及经有权部门批设的小额贷款公司等发放贷款或融资性质机构应依法合规经营，强化服务意识，开发面向不同群体的信贷产品，加大对实体经济的支持力度。二是地方人民政府以及有关部门要加强协调配合，依法履行职责。三是银行业监督管理机构、公安机关、工商和市场监管部门、人民银行等有关单位将及时向社会公布典型案例，加大宣传教育力度，强化风险警示，增强广大人民群众的风险防范意识。

司法部

# 关于印发《律师会见监狱在押罪犯规定》的通知（略）[1]

（2017年11月27日）

# 司法部有关负责人就《律师会见监狱在押罪犯规定》有关问题答记者问

**问：能否介绍一下此《规定》出台的背景**

**答：**原《律师会见监狱在押罪犯暂行规定》自2004年颁布实施以来，在保障律师执业权利等方面发挥了重要作用。但随着律师制度改革的不断深化，刑事诉讼法、律师法、《关于深化律师制度改革的意见》、《关于依法保障律师执业权利的规定》等有关法律修改和政策出台，原《规定》中一些规定已不适应当前律师会见监狱在押罪犯工作的实际需要，如律师代理范围较窄、律师人数限制、律师救济措施不明确等等。

司法部新一届党组按照中央关于全面推进依法治国的要求，强调要依法保障律师执业权利，维护罪犯合法权益，就律师会见监狱在押罪犯存在的新情况、新问题，多次调研、征求意见，对原《规定》进行修改。

为贯彻落实党的十九精神，司法部再次召开座谈会，听取全国律协、部分

① 该文件请见《刑事法律文件解读》2017.12，总第150辑。

律师、专家学者和监狱工作者的意见，作进一步修改，出台了《律师会见监狱在押罪犯规定》，目前已公布实施。

**问：这次修改遵循了什么原则**

**答：**一是坚持依法依规。严格按照刑事诉讼法、律师法及《关于深化律师制度改革的意见》《关于依法保障律师执业权利的规定》等有关法律法规规定，对律师代理范围、近亲属代为委托、律师会见手续办理、律师人数限制、律师救济措施等进行修改，做到与法律相一致。

二是坚持问题导向。此次修改以解决问题为重点，对近几年律师、监狱以及社会各界关注关心的问题，逐一作出明确规定，如律师代理范围、律师会见人数等问题。

三是坚持依法保障律师执业权利。为保障律师会见在押罪犯的执业权利，根据有关法律法规扩大了代理范围、明确了救济措施、调整了会见人数要求、保障了会见时间和次数，等等。

**问：这次修改的突出变化是什么**

**答：**《律师会见监狱在押罪犯规定》共16条，突出变化有以下几个方面：

一是扩大律师代理范围。根据律师法第二十八条的规定，新《规定》第四条扩大了律师代理事项范围，增加了律师可以代理各类案件申诉、提供非诉讼法律服务、解答有关法律询问、代写诉讼文书和有关法律事务的其他文书。同时，实践中律师在办理各种诉讼案件时，有时关键的证人已在监狱服刑，而能否向这个证人调查取证关系到能否查明案件事实和正确适用法律，如《关于依法保障律师执业权利的规定》第十九条规定：正在服刑的罪犯属于辩护律师所承办案件的被害人或者其近亲属、被害人提供的证人的，应当经人民检察院或者人民法院许可。因此，新《规定》第四条增加了第二款：其他案件的代理律师，需要向监狱在押罪犯调查取证的，可以会见在押罪犯。

二是增加方便律师会见措施。为方便律师会见，新《规定》第三条规定了监狱应当公开律师会见预约方式，合理安排律师会见场所，方便律师会见、阅卷等事务。原《规定》没有罪犯的监护人、近亲属委托律师的规定，给律师会见带来了很多麻烦，新《规定》第四条规定：罪犯的监护人、近亲属可以代为委托律师。第八条对原《规定》进一步细化规定：监狱收到律师提交的本规定第五条所列的材料后，对于符合本规定第四条规定情形的，应当及时安排会见。能当时安排的，应当当时安排；不能当时安排的，监狱应当说明情况，在四十八小时内安排会见。增加“能当时安排的，应当当时安排”的规定，方便了律师会见。

三是取消律师会见人数限制。原《规定》要求一般应由两名律师参加，或者由一名律师带一名律师辅助人员参加。刑事诉讼法第三十二条规定，犯罪嫌疑人、被告人可以委托一至二人作为辩护人。律师法也没有限定委托律师必须是两人。同时，这也是近年来律师针对会见监狱在押罪犯反映最多的问题之一。因此，此次修订不再保留会见律师一般应由两人参加的限制。同时，根据《关于依法保障律师执业权利的规定》，新《规定》第九条规定：在押罪犯可以委托一至两名律师。委托两名律师的，两名律师可以共同会见，也可以单独会见。律师可以带一名律师助理协助会见。

四是明确辩护律师会见时不被监听。刑事诉讼法第三十七条第四款和律师法第三十三条规定：辩护律师会见犯罪嫌疑人、被告人时不被监听。《关于依法保障律师执业权利的规定》第七条第四款规定：辩护律师会见犯罪嫌疑人、被告人时不被监听，办案机关不得派员在场。因此，新《规定》第十一条第二款规定：辩护律师会见被立案侦查、起诉、审判的在押罪犯时，不被监听，监狱不得派警察在场。这种情况适用于律师会见狱内又犯罪或者有漏罪的在押罪犯。之所以不被监听，是因为犯罪嫌疑人没有被最终确定有罪，此时监狱在押罪犯集罪犯和犯罪嫌疑人两种身份于一身，为了保障控辩平衡，律师会见犯罪嫌疑人不被监听。

同时，律师会见在押罪犯大多数情况是代理申诉、代理处理民事事项等，这种情况不适用刑事诉讼法、《关于依法保障律师执业权利的规定》中关于辩护律师会见犯罪嫌疑人不被监听的规定。因为在押罪犯已确定有罪，犯罪嫌疑人身份已经消失，侦查、起诉、审判的刑事诉讼程序已经结束，罪犯在监狱服刑属于刑罚执行阶段。为确保监狱、律师安全，新《规定》第十一条第一款规定：律师会见在押罪犯时，监狱可以根据案件情况和工作需要决定是否派警察在场。派警察在场主要考虑安全因素。

五是突出保障律师执业权利和救济措施。为充分保障律师行使执业权利，新《规定》第十条规定，监狱应当保障律师履行职责需要的会见时间和次数。根据《关于依法保障律师执业权利的规定》第四十一条、第四十四条规定，新《规定》第十二条规定，律师认为监狱及其工作人员阻碍其依法行使执业权利的，除了可以向监狱或者其上一级机关投诉外，也可以向其所执业律师事务所所在地的市级司法行政机关申请维护执业权利。情况紧急的，可以向事发地的司法行政机关申请维护执业权利。

[地方司法业务文件]

江苏省司法厅

# 关于人体伤残程度鉴定相关问题的意见

2018 年 1 月 29 日　　　　苏司通〔2018〕4 号

人体伤残程度鉴定涉及多个标准及规范，实践中由于理解和适用方面的差异而导致的问题并不少见，为了保证全省司法鉴定人准确理解和适用人体伤残程度鉴定标准，规范业务操作，维护司法鉴定公信力，省司法厅、省司法鉴定协会在反复论证的基础上，形成本意见，供全省司法鉴定机构和司法鉴定人参照执行。

## 一、关于鉴定时机的把握

鉴定一般应当在原发性损伤及其与之确有关联的并发症治疗终结或者临床治疗效果稳定后进行，其组织器官结构破坏或者功能障碍已难以继续恢复。标准中有规定的，依据标准执行，没有规定的，按照下列情形掌握：

（一）可在损伤后 3 个月内进行鉴定

适用于以原发损伤后果作为鉴定依据的案件，包括肢体、脏器缺失，内脏切除、修补，颅骨和颌骨缺损，肋骨骨折，肋骨缺损，牙齿脱落等。接受委托时应当明确告知被鉴定人，伤残鉴定后有可能影响“三期”评定。

（二）至少在损伤 3 个月后进行鉴定

适用于椎体压缩性或爆裂性骨折（不含脊髓损伤），骨盆骨折后的畸形愈合，肋骨骨折的畸形愈合，心、肺挫伤，肋骨骨折引起的胸膜粘连，肢体骨折未手术且不涉及功能障碍。

（三）至少在损伤6个月后进行鉴定

适用于以损伤并发症或后遗症作为鉴定依据的案件，主要包括面部或体表瘢痕（含色素改变），视、听觉功能障碍，性功能障碍，肢体骨折或软组织等损伤后涉及关节功能障碍（含手、足功能），颅脑损伤后涉及智力缺损、精神障碍、大小便失禁、语言功能障碍，脏器损伤后的功能障碍。伤后间隔较长时间手术的，鉴定时间需相应的延长。

（四）至少在损伤9个月后进行鉴定

适用于中枢或周围神经损伤引起的肢体瘫痪。

（五）至少在损伤后12个月后进行鉴定

适用于肢体长骨骨折并发骨髓炎、骨不连。

（六）内固定在位伤残程度鉴定的时机选择

内固定物不影响伤残等级评定的，可按骨折愈合标准选择鉴定时机。如：肋骨内固定、脊柱骨折内固定、临床认为不必取出内固定且出具证明（建议意见）的。

对肢体邻近关节的内固定在位可能影响关节功能并需据此关节功能评定伤残等级的，原则上需取出内固定并经适当功能锻炼2个月以上方能进行鉴定，但有下列情形之一的可以进行鉴定：

1. 内固定在位符合标准中鉴定技术规范或条款规定情形的；

2. 因年龄（60周岁以上）、身体等原因，为避免可能的手术风险，被鉴定人书面申请或临床出具不宜取出证明（建议意见）的；

3. 双方当事人同意根据现状进行鉴定的。

凡是涉及临床证明（建议意见）、当事人申请、双方同意按现状鉴定情形的，均需在鉴定意见书中予以说明。临床证明（建议意见）原则上由手术医院作出。

## 二、关于疑难问题的处理

（一）颅脑损伤后智能及精神障碍评价

具有法医临床鉴定资质而没有法医精神病鉴定资质的鉴定机构进行颅脑损伤伤残程度鉴定时，涉及精神障碍或智力缺损的，初次鉴定可聘请不少于2名具有司法精神病鉴定资质的鉴定人（需经其所在机构同意）会诊，并出具会诊意见或建议委托单位委托专项司法精神病鉴定；重新鉴定时应当由委托单位委托专项司法精神病鉴定。

“日常生活能力”应当参照《人身损害护理依赖程度》中的“日常生活活动能力”与“日常生活自理能力”进行，并按各项分别打分，在鉴定卷宗内留存。“日常生活能力”、“日常生活有关的活动能力”程度的评价应与相关材料印证，不能仅凭当事人的陈述作为鉴定依据。

法医临床鉴定机构对于轻型颅脑外伤患者应当审慎启动专科会诊，避免增加当事人不必要的鉴定费用。脑震荡、颅底骨折不予评定伤残等级。

（二）大便失禁鉴定

对于大便失禁者，应当进行肛门指检以明确肛门括约肌收缩力强弱，同时应当进行直肠内压、肛管静息压等测定，以判定失禁程度。对诊断有异议的，应进行结肠镜、排便造影、盆底肌电图、MRI 等检查，以明确诊断。

（三）尿失禁（潴留）鉴定

对于尿失禁（潴留）者，应当进行尿流动力学检查及残余尿测定，以判定尿失禁（潴留）程度。必要时行尿道造影以明确尿道狭窄程度。对诊断有异议的，应进行膀胱测压、动力性尿道压力图、尿流率等检查，以明确诊断。

（四）听觉功能障碍鉴定

听觉功能障碍的鉴定应当由具有听觉功能鉴定资质的机构中具有耳鼻喉科专业或者法医职称的鉴定人进行鉴定。听觉功能鉴定应当认真寻找导致听力下降的外伤病理基础，严格按《听力障碍法医学鉴定规范》要求进行检查。在主客观检查结果不一致的情况下，采用客观检查结果进行校正推算，并进行年龄修正。

（五）视觉功能障碍鉴定

视觉功能障碍的鉴定应当由具有视觉功能鉴定资质的机构中具有眼科专业或者法医职称的司法鉴定人进行鉴定。视觉功能鉴定应当认真寻找导致视力下降的外伤病理基础，严格按《视觉功能障碍法医鉴定规范》要求进行检查，常规进行裸眼视力、矫正视力检查。在矫正视力不正常的情况下应当进行伪盲检查，同时进行视觉电生理、OCT 等检查，不能仅凭裸眼视力评定伤残等级。

（六）外伤性脑脊液漏鉴定

对于临床诊断“外伤性脑脊液漏”伤者，如果临床进行了脑脊液漏修补手术（需提供手术记录），可根据标准中相应条款评定伤残等级；仅临床诊断“外伤性脑脊液漏”但未行手术治疗的，应当有脑脊液定性化验的结果才能考虑“外伤性脑脊液漏”的诊断，并据此评定伤残等级，没有定性化验结果的不能仅根据临床诊断评定伤残等级。

（七）肠道损伤鉴定

因大肠和小肠的功能不同，在同时损伤大肠及小肠的情况下，原则上应根据各自的损伤后果分别评定伤残等级；但如果损伤部位发生在回盲部，则按一个脏器损伤考虑，仅评定一个伤残等级。

（八）关节过伸计算

膝关节、肘关节及部分指关节存在过伸情形，在根据《法医临床检验规范》计算关节活动功能丧失时，上述关节活动只有一个方向，即由伸至屈，过伸度数仅可加入由伸到屈的总活动度数中，不能作为一个方向单独计算。

（九）前臂旋转功能

肘、腕关节均属于复关节，各自均有部分旋转功能，但旋前、旋后由上、下尺桡关节共同完成，属于整个前臂的旋转功能。故上、下尺桡关节的旋转不再计入肘、腕关节的功能中，应对照相应的前臂旋转功能条款进行鉴定。

（十）锁骨骨折鉴定

单纯性锁骨骨折，尤其是锁骨中段及内侧段的骨折，经过治疗及适当功能锻炼，理论上对肩关节活动影响很小，原则上不予评定伤残等级。同时也不能将锁骨骨折与肋骨骨折相加计入肋骨骨折根数评定伤残等级。

（十一）肋骨畸形认定

肋骨畸形愈合需根据外伤 3 个月后拍摄的肋骨正位 + 双前斜位片、肋骨平扫 + 三维重建图像或单根肋骨曲面成像（CPR）进行判定。

判定的依据为肋骨的顺应性和连续性改变，包括肋骨断端重叠、成角、分离、旋转以及明显错位等情形均属于肋骨畸形愈合范畴。

（十二）椎体压缩性骨折测量

椎体压缩性骨折的诊断一般需要结合 CT 平扫中新鲜骨折线来认定，对于老年患者 MRI 片中的异常信号需与骨挫伤后出现的异常信号相鉴别。椎体非压缩性骨折不能根据椎体压缩性骨折条款评定伤残。

椎体压缩高度测量，应当以普通正侧位 X 光片或 CT 模拟重建图像作为测量依据，不能根据 MRI 的纵向扫描图像进行测量。根据普通 X 光片测量时还需注意拍摄投照过程中产生的椎体重影问题，以免定位错误。

椎体非整体压缩的，一般以椎体后缘高度与前缘高度或压缩最低点高度进行比较；椎体整体压缩的，采取椎体压缩最低点高度与上下相邻同种椎体相同部位高度的平均值进行比较。

（十三）骨盆畸形愈合及骨产道破坏认定

骨盆畸形愈合应当严格按照《法医临床影像检验实施规范》进行判定，单纯性骶尾骨骨折不能使用骨盆畸形愈合的条款评定伤残等级。育龄妇女骨性产道的破坏应当进行骨盆 CT 检查 + 模拟三维重建后测量骨盆入口及出口各径的数据。

（十四）下肢长度测量

根据《法医临床检验规范》，下肢总长度有骨性长度与表面长度两种，骨性长度测量从髂前上棘（经髌中心）至内踝尖的距离，表面长度测量从脐（经髌中心）至内踝尖的距离。对于一般的下肢骨折患者原则上应当选择测量下肢的骨性长度，但存在下肢骨折断端成角畸形、骨盆畸形或骨盆倾斜客观证据的情况下，可以测量下肢的表面长度，并据此评定伤残等级。

（十五）足弓破坏程度认定

所谓足弓破坏是指原有的足弓组成结构发生明显改变或足弓的形态发生显著性变化。足弓破坏的判定需从严掌握但又不能机械，要避免唯正常范围论或唯固定差值论两种机械观念。所有的足弓破坏必须建立在有导致足弓破坏的外伤病理基础（包括维持足弓形态的骨质、肌腱韧带、软组织损伤）上才能考虑。

1. 对于外伤后足弓组成结构发生明显改变（如骨缺损、足弓中产生支撑点）的情形，直接根据相应的足弓组成判定足弓破坏程度。

2. 对于外伤后足弓形态发生改变（包括扁平足及高弓足）伤者，应当以同样的拍摄标准拍摄双侧足弓水平侧位 X 光片，严格按《法医临床影像检验实施规范》要求的测量方法测量双足内侧纵弓、外侧纵弓、横弓（以前弓角、后弓角代表）的数值。对于双足受伤后内外侧纵弓超出正常值的，可判定足弓破坏；对于单足受伤后伤侧与健侧对比内（外）侧纵弓有一弓产生显著差异变化或同时伴有前（后）弓角小于正常范围的，可判定足弓破坏。

3. 横弓的变化是伴随着内外侧纵弓的变化而变化的，在内外侧纵弓均正常的情况下，一般不能单独根据前（后）弓角的度数以横弓破坏来评定伤残。

### （十六）比照条款的适用

对于标准中没有列入的特殊致残情形，按照附则的规定，可根据残疾的实际情况，依据等级划分依据，比照最相似条款，评定伤残等级。比照情形属于小概率事件，往往与标准间存在着偏差，故鉴定中应当从严把握，谨慎使用。依比照原则进行鉴定时，第一鉴定人应当具有高级职称；涉及专科问题时需有临床专家会诊；机构内部应当有讨论记录；文书书写时必须列明比照的根源条款（附则）、等级划分依据条款（附录）、最相似条款（残疾情形和残疾程度，其相差幅度不超过 1 个等级）；如“根据附则 6. 1 规定、依据附录 A 残疾划分依据、比照 XXX（最相似条款）……”，不能单独或直接根据总则或划分依据评定伤残等级。

## 三、关于鉴定技术及方法的应用

标准的附录是标准的重要组成部分，鉴定必须严格按标准附录规定的技术和方法进行，附录中未作规定的，应当按照相关法医临床或临床检验技术规范进行，个人的学术观念（包括论文、论著）不能作为鉴定技术和方法取舍的依据。

# 山东省高级人民法院<br>关于印发修订后《常见犯罪量刑指导意见实施细则》的通知

2017 年 11 月 2 日　　　　　　　　　　鲁高法〔2017〕110 号

**各市中级人民法院、济南铁路运输中级法院：**

《山东省高级人民法院〈关于常见犯罪的量刑指导意见〉实施细则》已经山东省高级人民法院审判委员会第 35 次会议修订讨论通过，并报最高人民法院备案，现印发给你们，请认真遵照执行，确保量刑规范化工作全面、深入推进。执行过程遇到的重大疑难问题请及时层报省法院刑事审判第四庭。

**附：**

## 山东省高级人民法院<br>《关于常见犯罪的量刑指导意见》实施细则

（2014 年 6 月 9 日山东省高级人民法院审判委员会第 37 次会议讨论通过，根据 2017 年 9 月 11 日山东省高级人民法院审判委员会第 35 次会议作出修订）

为进一步规范刑罚裁量权，落实宽严相济刑事政策，增强量刑的公开性，实现量刑公正，根据刑法、刑诉法、刑事司法解释及最高人民法院《关于常见犯罪的量刑指导意见》等规定，结合我省审判实践，制定本细则。

## 一、量刑的指导原则

1. 量刑应当以事实为根据，以法律为准绳，根据犯罪的事实、性质、情节和对于社会的危害程度，决定判处的刑罚。

2. 量刑既要考虑被告人所犯罪行的轻重，又要考虑被告人应负刑事责任的大小，做到罪责刑相适应，实现惩罚和预防犯罪的目的。

3. 量刑应当贯彻宽严相济的刑事政策，做到该宽则宽，当严则严，宽严相济，罚当其罪，确保裁判法律效果和社会效果的统一。

4. 量刑要客观、全面把握不同时期不同地区的经济社会发展和治安形势变化，确保刑法任务的实现；对于同一地区同一时期、案情相近或相似的案件，所判处的刑罚应当基本均衡。

## 二、量刑的基本方法

量刑时，应以定性分析为主，定量分析为辅，依次确定量刑起点、基准刑和宣告刑。

1. 量刑步骤

（1）根据基本犯罪构成事实在相应的法定刑幅度内确定量刑起点；

（2）根据其他影响犯罪构成的犯罪数额、犯罪次数、犯罪后果等犯罪事实，在量刑起点的基础上增加刑罚量确定基准刑；

（3）根据量刑情节调节基准刑，确定拟宣告刑；

（4）综合考虑全案情况，根据拟宣告刑依法确定宣告刑。

2. 调节基准刑的方法

（1）具有单个量刑情节的，根据量刑情节的调节比例直接调节基准刑，得到拟宣告刑。

（2）具有多个量刑情节的，先适用未成年人犯罪、老年人犯罪、限制行为能力的精神病人犯罪、又聋又哑的人或者盲人犯罪、防卫过当、避险过当、犯罪预备、犯罪未遂、犯罪中止、从犯、胁从犯、教唆犯等罪中量刑情节，采用连乘方法依次调节基准刑；在此基础上，再适用自首、立功、累犯等罪前、罪后量刑情节，采用同向相加、逆向相减方法进行调节。

（3）被告人犯数罪，同时具有适用于各个罪的立功、累犯等量刑情节的，先适用该量刑情节调节个罪的基准刑，确定个罪所应判处的刑罚，再依法实行数罪并罚，决定执行的刑罚。

3. 确定宣告刑的方法

（1）拟宣告刑在法定刑幅度内，且罪责刑相适应的，可以直接确定为宣告刑；如果具有应当减轻处罚情节的，应依法在法定最低刑以下确定宣告刑。

（2）拟宣告刑在法定最低刑以下，具有法定减轻处罚情节，且罪责刑相适应的，可以直接确定为宣告刑；只有从轻处罚情节的，可以依法确定法定最低刑为宣告刑；但是根据案件的特殊情况，经最高人民法院核准的，也可以在法定刑以下判处刑罚。

（3）拟宣告刑在法定最高刑以上的，可以依法确定法定最高刑为宣告刑。

（4）综合考虑全案情况，拟宣告刑与罪责刑不相适应的，独任审判员或合议庭可以在20%的幅度内对拟宣告刑进行调整，确定宣告刑。当调整后的拟宣告刑仍然与罪责刑不相适应的，应当提交审判委员会讨论，依法确定宣告刑。

（5）综合全案犯罪事实和量刑情节，依法应当判处无期徒刑以上刑罚、管制或者单处附加刑的，应当依法判处；犯罪情节轻微，不需要判处刑罚的，可依法免除处罚。

（6）拟判处三年以下有期徒刑、拘役并符合判处缓刑适用条件的，可以依法宣告缓刑；对其中不满十八周岁的人、怀孕的妇女和已满七十五周岁的人，应当宣告缓刑。

（7）确定的宣告刑一般以月为单位。

## 三、常见量刑情节的适用

量刑时要充分考虑各种法定和酌定量刑情节，根据案件的全部犯罪事实以及量刑情节的不同情形，依法确定量刑情节的适用及其调节比例。对严重暴力犯罪、毒品犯罪等严重危害社会治安犯罪，在确定从宽的幅度时，应当从严掌握；对犯罪较轻的犯罪，应当充分体现从宽。具体确定各个量刑情节的调节比例时，应当综合平衡调节幅度与实际增减刑罚量的关系，确保罪责刑相适应。本节规定的量刑情节，如在“常见犯罪的量刑”中有特别规定的，从其规定。

（一）先适用的量刑情节

1. 对于未成年人犯罪，应当综合考虑未成年人对犯罪的认识能力、实施犯罪行为的动机和目的、犯罪时的年龄、是否初犯、偶犯、悔罪表现、个人成长经历和一贯表现等情况，予以从宽处罚。

（1）已满十四周岁不满十六周岁的未成年人犯罪，应当减少基准刑的30%－60%；

（2）已满十六周岁不满十八周岁的未成年人犯罪，应当减少基准刑的10%－50%。

被告人在年满十八周岁前后实施了同种犯罪行为，应当根据具体犯罪情况确定从宽幅度。但因未成年犯罪所减少的刑罚量不得超过未成年犯罪事实所对应的刑罚量。

未成年犯根据其所犯罪行，可能被判处拘役、三年以下有期徒刑，如果悔罪表现好，并具有“系又聋又哑的人或者盲人；防卫过当或者避险过当；犯罪预备、中止或者未遂；共同犯罪中的从犯、胁从犯；犯罪后自首或者有立功表现；其他犯罪情节轻微不需要判处刑罚”情形之一的，应当依照刑法第三十七条的规定免除处罚。

2. 对于已满七十五周岁的老年人犯罪，综合考虑老年人对犯罪的认识能力、实施犯罪的动机和目的、犯罪时的年龄、犯罪的性质和后果、悔罪表现等情况，予以从宽处罚。

（1）故意犯罪的，可以减少基准刑的40%以下；

（2）过失犯罪的，应当减少基准刑的20%－50%。

3. 对于尚未完全丧失辨认或者控制自己行为能力的精神病人犯罪，综合考虑精神疾病的严重程度、行为人对犯罪的辨认和控制能力、实施犯罪的动机和目的、犯罪的性质和后果、悔罪表现等情况，可以减少基准刑的40%以下。

4. 对于又聋又哑的人或者盲人犯罪，综合考虑行为人对犯罪的认识能力、实施犯罪的动机和目的、盲聋哑的残疾程度、犯罪的性质和后果、悔罪表现等情况，可以减少基准刑的40%以下；犯罪较轻的，可以减少基准刑的40%以上或者依法免除处罚。

5. 对于防卫过当的，应当综合考虑犯罪的性质、防卫过当的程度、造成损害的大小等情况，减少基准刑的50%以上或者依法免除处罚。

6. 对于避险过当的，应当综合考虑犯罪的性质、避险的原因、避险过当的程度、造成损害的大小等情况，减少基准刑的40%以上或者依法免除处罚。

7. 对于预备犯，综合考虑犯罪的性质、预备的程度等情况，可以比照既遂犯减少基准刑的60%以下；犯罪较轻的，可以减少基准刑的60%以上或者依法免除处罚。

8. 对于未遂犯，综合考虑犯罪行为的实行程度、造成损害的大小、犯罪未得逞的原因等情况，可以比照既遂犯从宽处罚。

（1）实行终了的未遂犯，造成损害后果的，可以比照既遂犯减少基准刑的30%以下；未造成损害后果的，可以比照既遂犯减少基准刑的40%以下。

（2）未实行终了的未遂犯，造成损害后果的，可以比照既遂犯减少基准刑的40%以下；未造成损害后果的，可以比照既遂犯减少基准刑的50%以下。

同一罪名数额犯中既有既遂，又有未遂，分别达到不同法定刑幅度的，先决定对未遂部分是否减轻处罚，从而确定未遂部分对应的法定刑幅度，再与既遂部分对应的法定刑幅度进行比较，依照法定刑幅度较重的部分确定量刑起点，其余部分作为增加刑罚量的事实；达到同一量刑幅度的，以既遂部分确定量刑起点，未遂部分作为增加刑罚量的事实。

9. 对于中止犯，应当综合考虑中止犯罪的阶段、自动放弃犯罪的原因以及造成的危害后果大小等情况，比照既遂犯减少基准刑的40%－80%；没有造成损害的，应当免除处罚。

10. 对于从犯，应当综合考虑其在共同犯罪中的地位、作用等情况，减少基准刑的20%－50%；犯罪较轻的，应当减少基准刑的50%以上或者依法免除处罚。

11. 对于共同犯罪中罪责相对较轻的主犯，可以减少基准刑的30%以下。

12. 对于胁从犯，应当综合考虑犯罪的性质、被胁迫的程度以及在共同犯罪中的作用等情况，减少基准刑的40%－60%；犯罪较轻的，减少基准刑的60%以上或者依法免除处罚。

13. 对于教唆犯，综合考虑其在共同犯罪中的地位、作用以及被教唆人是否实施被教唆之罪等情况，予以从宽或者从重处罚。

（1）教唆犯系从犯或者罪责相对较轻的主犯，可以参照第10条、第11条的规定从宽处罚；

（2）教唆不满十八周岁的人犯罪的，应当增加基准刑的10%－30%；

（3）教唆限制行为能力人犯罪的，可以增加基准刑的20%以下；

（4）被教唆人没有实施被教唆之罪的，可以减少基准刑的50%以下。

14. 对于被害人有过错或者对矛盾激化负有责任的，综合考虑被害人过错程度、犯罪的性质和后果等情况，可以减少基准刑的40%以下。

15. 对于犯罪对象为未成年人、老年人、残疾人、孕妇等弱势人员的，综合考虑犯罪的性质、后果等情况，予以从重处罚。

（1）暴力型犯罪的，可以增加基准刑的20%以下；

（2）非暴力型犯罪的，可以增加基准刑的10%以下。

16. 对于在重大自然灾害、预防、控制突发传染病疫情等灾害期间故意犯罪的，根据案件的具体情况，可以增加基准刑的20%以下。

（二）后适用的量刑情节

17. 对于累犯，应当综合考虑前后罪的性质、刑罚执行完毕或赦免以后至再犯罪时间的长短以及前后罪罪行轻重等情况，增加基准刑的10%－40%，一般不少于三个月。

18. 对于有前科的，综合考虑前科的性质、次数、时间间隔长短和处罚轻重等情况，可以增加基准刑的10%以下，但是前科犯罪为过失犯罪、未成年人犯罪的除外。

19. 对于自首情节，综合考虑自首的动机、时间、方式、罪行轻重、如实供述罪行的程度以及悔罪表现等情况，予以从宽处罚。

（1）犯罪事实或犯罪嫌疑人未被司法机关发觉，主动投案自首的，可以减少基准刑的40%以下。

（2）犯罪事实和犯罪嫌疑人已被司法机关发觉，但尚未受到调查谈话、讯问，或者未被采取调查措施或强制措施，主动投案构成自首的，可以减少基准刑的30%以下。

（3）犯罪嫌疑人、被告人如实供述司法机关尚未掌握的不同种罪行，以自首论的，可以减少基准刑的30%以下。

（4）并非出于被告人主动，而是经亲友规劝、陪同投案，或亲友送去投案等情形构成自首的，可以减少基准刑的25%以下。

（5）罪行尚未被司法机关发觉，仅因形迹可疑被有关组织或司法机关盘问、教育后，主动交代自己的罪行构成自首的，可以减少基准刑的25%以下。

（6）其他类型的自首，可以减少基准刑的20%以下。

（7）犯罪较轻的自首，减少基准刑的调节比例可以突破上述规定的从宽上限或者依法免除处罚。

恶意利用自首规避法律制裁等不足以从宽处罚的，可以不予从宽处理。

20. 对于犯罪后积极抢救被害人的，综合考虑犯罪性质、抢救效果、人身损害后果等情况，可以减少基准刑的20%以下。

21. 对于坦白情节，综合考虑如实供述罪行的阶段、程度、罪行轻重以及悔罪程度等情况，确定从宽的幅度。

（1）如实供述自己罪行的，可以减少基准刑的20%以下；

（2）如实供述司法机关尚未掌握的同种较重罪行的，可以减少基准刑的10% –30%；

（3）因如实供述罪行，避免特别严重后果发生的，可以减少基准刑的30% –50%；

（4）揭发同案犯共同犯罪事实的，可以减少基准刑的10%以下。

22. 对于当庭自愿认罪的，根据犯罪的性质、罪行的轻重、认罪程度以及悔罪表现等情况，可以减少基准刑的10%以下，依法认定自首、坦白的除外。

23. 对于立功情节，综合考虑立功的大小、次数、内容、来源、效果以及罪行轻重等情况，确定从宽的幅度。

（1）一般立功的，可以减少基准刑的20%以下。

（2）重大立功的，可以减少基准刑的20% –50%；犯罪较轻的，可以减少基准刑的50%以上或者依法免除处罚。

24. 对于退赃、退赔的，综合考虑犯罪性质，退赃、退赔行为对损害结果所能弥补的程度，退赃、退赔的数额及主动程度等情况，可以减少基准刑的30%以下；其中抢劫等严重危害社会治安犯罪的应从严掌握。

25. 对于积极赔偿被害人经济损失并取得谅解的，综合考虑犯罪性质、赔偿数额、赔偿能力以及认罪、悔罪程度等情况，可以减少基准刑的40%以下；积极赔偿但没有取得谅解的，可以减少基准刑的30%以下；尽管没有赔偿，但取得谅解的，可以减少基准刑的20%以下；其中抢劫、强奸等严重危害社会治安犯罪的应从严掌握。

26. 对于当事人根据刑事诉讼法第二百七十七条达成和解协议的，综合考虑犯罪性质、和解原因以及认罪、悔罪程度等情况，可以减少基准刑的50%以下；犯罪较轻的，可以减少基准刑的50%以上或者依法免除处罚。

## 四、常见犯罪的量刑

在具体案件中，确定量刑起点，要考虑基本犯罪构成事实的社会危害性、被告人的主观恶性及社会治安状况等综合因素；确定基准刑，要根据其他影响犯罪构成犯罪事实的社会危害性增加相应刑罚量，做到罪责刑相适应。具有两种以上基本犯罪构成事实的，一般以危害较重的确定量刑起点，其他作为增加刑罚量的犯罪事实。基准刑不得超过法定刑幅度最高刑，但法定刑幅度包含无期徒刑以上刑罚的，基准刑可以超过十五年有期徒刑。

### （一）交通肇事罪

1. 三年以下量刑幅度的量刑起点和基准刑：

（1）死亡一人或者重伤三人，负事故全部责任的，在一年六个月至二年有期徒刑幅度内确定量刑起点。重伤每增加一人，增加六个月刑期；轻伤每增加一人，增加三个月刑期。

死亡一人或者重伤三人，负事故主要责任的，在一年至一年六个月幅度内确定量刑起点。重伤每增加一人，增加三个月至五个月刑期；轻伤每增加一人，增加二个月至三个月刑期。

（2）死亡三人、负事故同等责任的，在一年六个月至二年有期徒刑幅度内确定量刑起点。死亡每增加一人，增加一年刑期；重伤每增加一人，增加三个月刑期；轻伤每增加一人，增加一个月刑期。

（3）造成公共财产或者他人财产直接损失，无能力赔偿数额达到30万元，负事故全部责任的，在一年至一年六个月有期徒刑幅度内确定量刑起点。每增加5万元，增加三个月刑期。

造成公共财产或者他人财产直接损失，无能力赔偿数额达到30万元，负事故主要责任的，在六个月拘役至一年有期徒刑幅度内确定量刑起点。每增加5万元，增加三个月刑期。

（4）重伤一人、负事故全部责任，并且具有最高人民法院《关于审理交通肇事刑事案件具体应用法律若干问题的解释》（以下简称《交通肇事解释》）

第二条第二款所规定的“酒后、吸食毒品后驾驶机动车辆；无驾驶资格驾驶机动车辆；明知是安全装置不全或者安全机件失灵的机动车辆而驾驶；明知是无牌证或者已报废的机动车辆而驾驶；严重超载驾驶；为逃避法律追究逃离事故现场”六种情形之一的，在六个月拘役至一年六个月有期徒刑幅度内确定量刑起点。重伤每增加一人，增加六个月至一年刑期；轻伤每增加一人，增加二个月至三个月刑期。

重伤一人，负事故主要责任并且具有《交通肇事解释》第二条第二款规定的六种情形之一的，在三个月拘役至一年三个月有期徒刑幅度内确定量刑起点。重伤每增加一人，增加三个月至六个月刑期；轻伤每增加一人，增加一个月至二个月刑期。

（5）其他增加刑罚量，确定基准刑的情形。

2. 三年以上七年以下量刑幅度的量刑起点和基准刑：

（1）死亡一人或者重伤三人、负事故全部责任，且肇事后逃逸的，在四年至五年有期徒刑幅度内确定量刑起点。重伤每增加一人，增加一年刑期；轻伤每增加一人，增加六个月刑期。

死亡一人或者重伤三人、负事故主要责任，且肇事后逃逸的，在三年至四年有期徒刑幅度内确定量刑起点。重伤每增加一人，增加六个月至九个月刑期；轻伤每增加一人，增加二个月至三个月刑期。

（2）死亡三人、负事故同等责任，且肇事后逃逸的，在四年至五年有期徒刑幅度内确定量刑起点。死亡每增加一人，增加一年六个月刑期；重伤每增加一人，增加六个月刑期。

（3）造成公共财产或者他人财产直接损失，无能力赔偿数额达到 30 万元，负事故全部责任且肇事后逃逸的，在三年六个月至四年有期徒刑幅度内确定量刑起点。每增加 10 万元，增加三个月刑期。

造成公共财产或者他人财产直接损失，无能力赔偿数额达到 30 万元，负事故主要责任且肇事后逃逸的，在三年至三年六个月有期徒刑幅度内确定量刑起点。每增加 10 万元，增加三个月刑期。

（4）重伤一人、负事故全部责任，具有《交通肇事解释》第二条第二款（一）至（五）项情形之一，且肇事后逃逸的，在三年六个月至四年六个月有期徒刑幅度内确定量刑起点。重伤每增加一人，增加一年至二年刑期；轻伤每增加一人，增加三个月至四个月刑期。

重伤一人、负事故主要责任，具有《交通肇事解释》第二条第二款（一）至（五）项情形之一，且肇事后逃逸的，在三年至三年六个月有期徒刑幅度内确定量刑起点。重伤每增加一人，增加六个月至一年刑期；轻伤每增加一人，增加二个月至三个月刑期。

（5）死亡二人、负事故全部责任的，在四年至五年有期徒刑幅度内确定量刑起点。死亡每增加一人，增加一年六个月刑期；重伤每增加一人，增加六个月刑期；轻伤每增加一人，增加二个月刑期。

死亡二人、负事故主要责任的，在三年至四年有期徒刑幅度内确定量刑起点。死亡每增加一人，增加一年至一年三个月刑期；重伤每增加一人，增加三个月至五个月刑期；轻伤每增加一人，增加一个月至二个月刑期。

（6）重伤五人、负事故全部责任的，在四年至五年有期徒刑幅度内确定量刑起点。重伤每增加一人，增加六个月刑期；轻伤每增加一人，增加二个月刑期。

重伤五人、负事故主要责任的，在三年至四年有期徒刑幅度内确定量刑起点。重伤每增加一人，增加三个月至五个月刑期；轻伤每增加一人，增加一个月至二个月刑期。

（7）死亡六人、负事故同等责任的，在四年至五年有期徒刑幅度内确定量刑起点。死亡每增加一人，增加一年刑期；重伤每增加一人，增加三个月刑期；轻伤每增加一人，增加一个月刑期。

（8）造成公共财产或者他人财产直接损失，负事故全部责任，无能力赔偿数额达到60万元的，在三年六个月至四年有期徒刑幅度内确定量刑起点。每增加10万元，增加三个月刑期。

（9）符合本条（5）至（8）项情形之一，同时具有逃逸情节的，增加一年至二年刑期。

（10）其他增加刑罚量，确定基准刑的情形。

3. 七年以上量刑幅度的量刑起点和基准刑：

因逃逸致一人死亡的，在八年至九年有期徒刑幅度内确定量刑起点。死亡每增加一人，增加三年至四年刑期；其他增加刑罚量，确定基准刑的情形，参照上述规定。

4. 有下列情形之一的，可以增加基准刑的20%以下，但同时具有两种以上情形的，累计不超过基准刑的50%（已在确定基准刑时评价的除外）：

（1）酒后、吸食毒品后驾驶机动车辆的，或者在道路上驾驶机动车追逐竞驶，情节恶劣的；

（2）无驾驶资格驾驶机动车辆的；

（3）明知是安全装置不全或者安全机件失灵的机动车辆而驾驶的；

（4）明知是无牌证或者已报废的机动车辆而驾驶的；

（5）严重超载驾驶的；

（6）交通肇事造成恶劣社会影响的；

（7）其他可以从重处罚的情形。

（二）故意伤害罪

1. 构成故意伤害罪的，根据下列不同情形在相应的幅度内确定量刑起点：

（1）故意伤害致一人轻伤的，轻伤二级的，在一年至一年六个月有期徒刑幅度内确定量刑起点；轻伤一级的，在一年六个月至二年有期徒刑幅度内确定量刑起点。

（2）故意伤害致一人重伤的，重伤二级的，在三年至四年有期徒刑幅度内确定量刑起点；重伤一级的，在四年至五年有期徒刑幅度内确定量刑起点。

（3）以特别残忍的手段故意伤害致一人重伤，造成六级严重残疾的，在十一年至十三年有期徒刑幅度内确定量刑起点。依法应当判处无期徒刑以上刑罚的除外。

下列手段致被害人身体器官缺损、身体器官明显畸形、身体器官中等功能障碍、造成严重并发症等情形，造成六级以上严重残疾的，可以认定为“特别残忍手段”：故意挖眼、割耳、鼻、挑筋、砍手足、剜髌骨的；故意用刀划面部、用硫酸等腐蚀性液体毁人容貌的；电击、烧烫他人隐私或要害部位的；其他特别残忍手段。

2. 在量刑起点的基础上，根据伤害后果、伤残等级、手段残忍程度等其他犯罪事实增加刑罚量，确定基准刑：

（1）每增加一人轻微伤，增加一个月至二个月刑期。

（2）每增加一人轻伤，轻伤二级的，增加六个月至一年刑期；轻伤一级的，增加一年至一年六个月刑期。

（3）每增加一人重伤，重伤二级的，增加二年至三年刑期；重伤一级的，增加三年至四年刑期。

（4）造成被害人六级至三级残疾，每增加一级残疾，增加一年至一年六个月刑期；造成被害人残疾程度超过三级的，每增加一级残疾，增加二年至二年六个月刑期。

（5）使用刀具等锐器、棍棒等钝器伤人的，每次犯罪增加一个月至三个月刑期；使用枪支伤人的，每次犯罪增加六个月至一年刑期。事先准备或者携带上述工具并使用的，在增加刑期幅度内从重考虑。

（6）其他增加刑罚量，确定基准刑的情形。

3. 有下列情形之一的，可以增加基准刑的20%以下：

（1）蓄意报复伤害他人的；

（2）雇佣他人实施伤害行为的；

（3）因实施其他违法活动而故意伤害他人的；

（4）其他可以从重处罚的情形。

（三）强奸罪

1. 构成强奸罪的，根据下列不同情形在相应的幅度内确定量刑起点：

（1）强奸妇女一人一次，在四年至六年有期徒刑幅度内确定量刑起点。

（2）奸淫幼女一人一次，在五年至七年有期徒刑幅度内确定量刑起点。

（3）具有下列情形之一的，在十一年至十三年有期徒刑幅度内确定量刑起点：强奸妇女、奸淫幼女情节恶劣的；强奸妇女、奸淫幼女三人的；在公共场所当众强奸的；二人以上轮奸的；强奸致被害人重伤或者造成其他严重后果的。依法应当判处无期徒刑以上刑罚的除外。

2. 在量刑起点的基础上，根据强奸妇女、奸淫幼女情节恶劣程度、强奸人数、致人伤害后果等其他犯罪事实增加刑罚量，确定基准刑：

（1）强奸妇女每增加一人，增加二年至二年六个月刑期。

（2）奸淫幼女每增加一人，增加二年六个月至四年刑期。

（3）每增加一人轻微伤，增加三个月至六个月刑期。每增加一人轻伤，轻伤二级的，增加一年至一年六个月刑期；轻伤一级的，增加一年六个月至二年刑期。每增加一人重伤，重伤二级的，增加三年至三年六个月刑期；重伤一级的，增加四年至四年六个月刑期。

（4）造成被害人六级至三级残疾，每增加一级残疾，增加一年至一年六个月刑期；造成被害人残疾程度超过三级的，每增加一级残疾，增加二年至二年六个月刑期。

（5）每增加刑法第二百三十六条规定的五种情形之一（不含“致使被害人重伤的”），增加三年至五年刑期。

（6）其他增加刑罚量，确定基准刑的情形。

3. 强奸妇女具有下列情形之一的，可以从重处罚，但同时具有两种以上情形的，累计增加基准刑不超过100%：

（1）持管制刀具、枪支等凶器强奸或者以非法拘禁、捆绑、虐待等方法强奸的，增加基准刑的30%以下。

（2）利用亲属、职务、管理等特殊身份关系强奸妇女的，增加基准刑的30%以下。

（3）强奸同一名妇女二次以上的，增加基准刑的10%－50%。

（4）明知妇女怀孕而强奸的，增加基准刑的10%－50%。

（5）三人以上轮奸的，根据人数增加基准刑的10%－50%。

（6）其他可以从重处罚的情形。

4. 强奸未成年人或者奸淫幼女具有下列情形之一，可以增加基准刑的40%以下，但同时具有两种以上情形的，累计不超过基准刑的100%：

（1）对未成年人负有特殊职责的人员、与未成年人有共同家庭生活关系的人员、国家工作人员或者冒充国家工作人员强奸或者奸淫幼女的。

（2）进入未成年人住所、学生宿舍实施强奸或者奸淫幼女的。

（3）对不满十二周岁的儿童、农村留守儿童、严重残疾或者精神智力发育迟滞的未成年人实施强奸或者奸淫幼女的。

（4）采取暴力、胁迫、麻醉等强制手段实施奸淫幼女犯罪的。

（5）其他可以从重处罚的情形。

### （四）非法拘禁罪

1. 构成非法拘禁罪的，根据下列不同情形在相应的幅度内确定量刑起点：

（1）非法拘禁一人一次、犯罪情节一般的，在六个月拘役至九个月有期徒刑幅度内确定量刑起点。

（2）非法拘禁致一人重伤的，在四年至四年六个月有期徒刑幅度内确定量刑起点。

（3）非法拘禁致一人死亡的，在十二年至十三年有期徒刑幅度内确定量刑起点。

2. 在量刑起点的基础上，根据非法拘禁人数、拘禁时间、致人伤亡后果等其他犯罪事实增加刑罚量，确定基准刑：

（1）非法拘禁时间超过二十四小时的，每增加二十四小时，增加一个月刑期，但增加的总刑期一般不超过一年六个月。

（2）非法拘禁每增加一人，增加三个月至六个月刑期。

（3）每增加一人轻微伤，增加一个月至二个月刑期。每增加一人轻伤，轻伤二级的，增加六个月至九个月刑期；轻伤一级的，增加一年至一年三个月刑期。每增加一人重伤，重伤二级的，增加二年至二年六个月刑期；重伤一级的，增加三年至三年六个月刑期。

（4）造成被害人六级至三级残疾，每增加一级残疾，增加一年至一年六个月刑期；造成被害人残疾程度超过三级的，每增加一级残疾，增加二年至二年六个月刑期。

（5）每增加一人死亡，增加五年至六年刑期。

（6）其他增加刑罚量，确定基准刑的情形。

3. 有下列情形之一的，可以增加基准刑的20%以下，但同时具有两种以上情形的，累计增加基准刑不超过100%：

（1）具有殴打、侮辱、虐待情节的；

（2）国家工作人员利用职权非法拘禁的；

（3）冒充军警人员、司法人员非法拘禁的；

（4）持枪支、管制刀具或者其他凶器非法拘禁的；

（5）为索取高利贷、赌债等法律不予保护的债务而非法拘禁的；

（6）因参与传销非法拘禁他人的；

（7）其他可以从重处罚的情形。

4. 为索取合法债务、争取合法权益而非法拘禁的，可以减少基准刑的30%以下。

**（五）抢劫罪**

1. 三年以上十年以下量刑幅度的量刑起点和基准刑：

（1）抢劫一次的，在四年至五年有期徒刑幅度内确定量刑起点。抢劫两次的，再增加二年至三年刑期。

（2）抢劫数额达到或者每增加1千元，增加一个月刑期。

（3）每增加一人轻微伤，增加二个月至三个月刑期。每增加一人轻伤，轻伤二级的，增加一年至一年六个月刑期；轻伤一级的，增加一年六个月至二年刑期。

（4）持枪支以外的管制刀具或者其他凶器抢劫的，增加六个月至一年刑期。

（5）其他增加刑罚量，确定基准刑的情形。

2. 十年以上量刑幅度的量刑起点和基准刑：

（1）具有下列情形之一的，在十一年至十三年有期徒刑幅度内确定量刑起点：入户抢劫的；在公共交通工具上抢劫的；抢劫银行或者其他金融机构的；抢劫三次或者抢劫数额达到6万元的；抢劫致一人重伤的；冒充军警人员抢劫的；持枪抢劫的；抢劫军用物资或者抢险、救灾、救济物资的。每增加一种情形，增加二年至三年刑期。依法应当判处无期徒刑以上刑罚的除外。

（2）每增加一次抢劫，增加一年至一年六个月刑期。

（3）抢劫数额超过6万元的，每增加3万至4万元，增加一年刑期。

（4）每增加一人轻微伤，增加二个月至三个月刑期。每增加一人轻伤，轻伤二级的，增加一年至一年六个月刑期；轻伤一级的，增加一年六个月至二年刑期。每增加一人重伤，重伤二级的，增加三年至三年六个月刑期；重伤一级的，增加四年至四年六个月刑期。

（5）造成被害人六级至三级残疾，每增加一级残疾，增加一年至一年六个月刑期；造成被害人残疾程度超过三级的，每增加一级残疾，增加二年至二年六个月刑期。

（6）持枪支以外的管制刀具或者其他凶器抢劫的，增加六个月至一年刑期。

（7）其他增加刑罚量，确定基准刑的情形。

3. 有下列情形之一的，可以增加基准刑的20%以下：

（1）为吸毒、赌博等违法活动而实施抢劫的；

（2）在公共场所当众实施抢劫的；

（3）三人以上结伙或者流窜实施抢劫的；

（4）其他可以从重处罚的情形。

4. 有下列情形之一的，可以减少基准刑的20%以下：

（1）抢劫家庭成员或者近亲属财物的；

（2）转化型抢劫的；

（3）其他可以从轻处罚的情形。

（六）盗窃罪

1. 三年以下量刑幅度的量刑起点和基准刑：

（1）盗窃数额不满2千元，但两年内三次盗窃的，入户盗窃的，携带凶器盗窃的，或者扒窃的，具有任意一种情形，在三个月拘役至九个月有期徒刑幅度内确定量刑起点。每增加一种情形，增加三个月刑期。盗窃次数每增加一次，增加一个月刑期，累计增加刑期不得超过三个月。

（2）盗窃数额达到1千元、不满2千元，且具有两高《关于办理盗窃刑事案件适用法律若干问题的解释》（以下简称《盗窃解释》）第二条所规定“曾因盗窃受过刑事处罚的；一年内曾因盗窃受过行政处罚的；组织、控制未成年人盗窃的；自然灾害、事故灾害、社会安全事件等突发事件期间，在事件发生地盗窃的；盗窃残疾人、孤寡老人、丧失劳动能力人的财物的；在医院盗窃病人或者其亲友财物的；盗窃救灾、抢险、防汛、优抚、扶贫、移民、救济款物的；因盗窃造成严重后果的”八种情形之一的，在三个月拘役至九个月有期徒刑幅度内确定量刑起点。

（3）盗窃数额达到2千元，在三个月拘役至九个月有期徒刑幅度内确定量刑起点。每增加2千元，增加一个月刑期。

（4）盗窃国有馆藏一般文物1件，在六个月拘役至一年有期徒刑幅度内确定量刑起点。每增加1件馆藏一般文物，增加一年刑期。

（5）其他增加刑罚量，确定基准刑的情形。

盗窃数额虽已达到2千元数额较大标准，但行为人认罪、悔罪，退赃、退赔，且具有下列情形之一，情节轻微的，可依法免除处罚：具有法定从宽处罚情节的；没有参与分赃或者获赃较少且不是主犯的；被害人谅解的；其他情节轻微、危害不大的。

2. 三年以上十年以下量刑幅度的量刑起点和基准刑：

（1）盗窃数额达到3万元、不满6万元，且具有《盗窃解释》第二条第（三）至（八）项规定六种情形之一的，或者入户盗窃的、携带凶器盗窃的，可以认定为“其他严重情节”，在三年至四年有期徒刑幅度内确定量刑起点。

（2）盗窃数额达到6万元，在三年至四年有期徒刑幅度内确定量刑起点。每增加5千元，增加一个月刑期。

（3）盗窃国有馆藏一般文物3件，或者三级文物1件的，在三年至四年有期徒刑幅度内确定量刑起点。每增加1件一般文物，增加一年刑期；每增加1件三级文物，增加三年刑期。

（4）其他增加刑罚量，确定基准刑的情形。

3. 十年以上量刑幅度的量刑起点和基准刑：

（1）盗窃数额达到20万元、不满40万元，且具有《盗窃解释》第二条第（三）至（八）项规定六种情形之一的，或者入户盗窃的、携带凶器盗窃的，可以认定为“其他特别严重情节”，在十年至十二年有期徒刑幅度内确定量刑起点。

（2）盗窃数额达到40万元的，在十年至十二年有期徒刑幅度内确定量刑起点。每增加20万至40万元，增加一年刑期。依法应当判处无期徒刑的除外。

（3）盗窃国有馆藏三级文物3件，或者二级以上文物1件的，在十年至十二年有期徒刑幅度内确定量刑起点。每增加1件一般文物，增加六个月至一年刑期；每增加1件三级文物，增加二年至三年刑期；每增加1件一级以上文物，增加三年以上刑期。

（4）其他增加刑罚量，确定基准刑的情形。

4. 有下列情形之一的，可以从重处罚，但同时具有两种以上情形的，累计增加基准刑不超过100%（已在确定基准刑时评价的除外）：

（1）多次盗窃、入户盗窃、携带凶器盗窃、扒窃或者具有《盗窃解释》第二条第（三）至（八）项规定“组织、控制未成年人盗窃的；自然灾害、事故灾害、社会安全事件等突发事件期间，在事件发生地盗窃的；盗窃残疾人、孤寡老人、丧失劳动能力人的财物的；在医院盗窃病人或者其亲友财物的；盗窃救灾、抢险、防汛、优抚、扶贫、移民、救济款物的；因盗窃造成严重后果的”六种情形之一的，可以增加基准刑的30%以下，每增加一种情形，再累次增加基准刑的10%以下。

（2）采用破坏性手段盗窃财物造成财产损失的，可以根据损失情况增加基准刑的30%以下。

（3）为吸毒、赌博等违法活动而实施盗窃的，可以增加基准刑的20%以下。

（4）其他可以从重处罚的情形。

5. 有下列情形之一的，可以从宽处罚：

（1）因生活所迫、学习、治病急需而盗窃的，可以减少基准刑的20%以下。

（2）在案发前主动将赃款赃物放回原处未造成丢失或归还失主的，可以减少基准刑的50%以下。

（3）盗窃家庭成员或近亲属财物，作犯罪处理的，可以减少基准刑的60%以下；犯罪较轻的，可以减少基准刑的60%以上。

（4）其他可以从轻处罚的情形。

**（七）诈骗罪**

1. 三年以下量刑幅度的量刑起点和基准刑：

（1）诈骗数额达到6千元的，在六个月至一年有期徒刑幅度内确定量刑起点。

（2）诈骗数额每增加3千元，增加一个月刑期。

（3）其他增加刑罚量，确定基准刑的情形。

诈骗数额虽已达到6千元数额较大标准，但具有下列情形之一，且认罪、悔罪的，可依法免除处罚：具有法定从宽处罚情节的；一审宣判前全部退赃、退赔的；没有参与分赃或者获赃较少且不是主犯的；被害人谅解的；其他情节轻微、危害不大的。

2. 三年以上十年以下量刑幅度的量刑起点和基准刑：

（1）诈骗数额达到7万元不满8万元，且具有两高《关于办理诈骗刑事案件具体应用法律若干问题的解释》（以下简称《诈骗解释》）第二条所规定的“通过发送短信、拨打电话或者利用互联网、广播电视、报刊杂志等发布虚假信息，对不特定多数人实施诈骗的；诈骗救灾、抢险、防汛、优抚、扶贫、移民、救济、医疗款物的；以赈灾募捐名义实施诈骗的；诈骗残疾人、老年人或者丧失劳动能力人的财物的；造成被害人自杀、精神失常或者其他严重后果”五种情形之一的，或者属于诈骗集团首要分子的，应当认定为刑法第二百六十六条规定的“其他严重情节”，在三年至四年有期徒刑幅度内确定量刑起点

（2）诈骗数额达到8万元的，在三年至四年有期徒刑幅度内确定量刑起点。每增加5千元，增加一个月刑期。

（3）其他增加刑罚量，确定基准刑的情形。

3. 十年以上量刑幅度的量刑起点和基准刑：

（1）诈骗数额达到45万元、不满50万元，且具有《诈骗解释》第二条规定的五种情形之一的，或者属于诈骗集团首要分子的，应当认定为刑法第二百六十六条规定的“其他特别严重情节”，在十年至十二年有期徒刑幅度内确定量刑起点。

（2）诈骗数额达到50万元的，在十年至十二年有期徒刑幅度内确定量刑起点。每增加3万至5万元，增加一个月刑期。依法应当判处无期徒刑的除外。

（3）其他增加刑罚量，确定基准刑的情形。

4. 有下列情形之一的，可以从重处罚，但同时具有两种以上情形的，累计增加基准刑不超过100%（已在确定基准刑时评价的除外）：

（1）多次诈骗，或者属于诈骗集团首要分子，或者具有《诈骗解释》第二条规定的“通过发送短信、拨打电话或者利用互联网、广播电视、报刊杂志等发布虚假信息，对不特定多数人实施诈骗的；诈骗救灾、抢险、防汛、优抚、扶贫、移民、救济、医疗款物的；以赈灾募捐名义实施诈骗的；诈骗残疾人、老年人或者丧失劳动能力人的财物的；造成被害人自杀、精神失常或者其他严重后果”五种情形之一的，可以增加基准刑的30%以下，每增加一种情形，再累次增加基准刑的10%以下。

（2）为吸毒、赌博等违法活动而实施诈骗的，可以增加基准刑的20%以下。

（3）其他可以从重处罚的情形。

5. 有下列情形之一的，可以从宽处罚：

（1）因生活所迫、学习、治病急需而诈骗的，可以减少基准刑的20%

以下。

（2）诈骗家庭成员或近亲属财物，确有追究刑事责任必要的，可以减少基准刑的60%以下；犯罪较轻的，可以减少基准刑的60%以上。

（3）其他可以从轻处罚的情形。

（八）抢夺罪

1. 三年以下量刑幅度的量刑起点和基准刑：

（1）抢夺数额不满2千元，但两年内三次抢夺的，在六个月拘役至一年有期徒刑幅度内确定量刑起点。抢夺次数每增加一次，增加一个月刑期，累计增加刑期不超过三个月。

（2）抢夺数额达到1千元不满2千元，且具有两高《关于办理抢夺刑事案件适用法律若干问题的解释》（以下简称《抢夺解释》）第二条规定的“曾因抢劫、抢夺或者聚众哄抢受过刑事处罚的；一年内曾因抢夺或者哄抢受过行政处罚的；一年内抢夺三次以上的；驾驶机动车、非机动车抢夺的；组织、控制未成年人抢夺的；抢夺老年人、未成年人、孕妇、携带婴幼儿的人、残疾人、丧失劳动能力人的财物的；在医院抢夺病人或者其亲友财物的；抢夺救灾、抢险、防汛、优抚、扶贫、移民、救济款物的；自然灾害、事故灾害、社会安全事件等突发事件期间，在事件发生地抢夺的；导致他人轻伤或者精神失常等严重后果的”十种情形之一的，在六个月拘役至一年有期徒刑幅度内确定量刑起点。

（3）抢夺数额达到2千元，在六个月拘役至一年有期徒刑幅度内确定量刑起点。每增加2千元，增加一个月刑期。

（4）每增加一人轻微伤，增加一个月至二个月刑期。每增加一人轻伤，轻伤二级的，增加六个月至一年刑期；轻伤一级的，增加一年至一年六个月刑期。

（5）其他增加刑罚量，确定基准刑的情形。

抢夺数额虽已达到2千元数额较大标准，但未造成轻伤以上伤害，行为人系初犯，认罪、悔罪，退赃、退赔，且具有下列情形之一的，可以认定为情节轻微，依法免除处罚：具有法定从宽处罚情节的；没有参与分赃或者获赃较少，且不是主犯的；被害人谅解的；其他情节轻微危害不大的。

2. 三年以上十年以下量刑幅度的量刑起点和基准刑：

（1）抢夺导致他人重伤的，或者导致他人自杀的，或者抢夺数额达到2.5万元、不满5万元，且具有《抢夺解释》第二条第（三）至（十）项规定八种情形之一的，应当认定为刑法第二百六十七条规定的“其他严重情节”，在三年至四年有期徒刑幅度内确定量刑起点。

（2）抢夺数额达到5万元的，在三年至四年有期徒刑幅度内确定量刑起点。每增加3千至4千元，增加一个月刑期。

（3）每增加一人轻微伤，增加一个月至二个月刑期。每增加一人轻伤，轻伤二级的，增加六个月至一年刑期；轻伤一级的，增加一年至一年六个月刑期。每增加一人重伤，重伤二级的，增加二年至三年刑期，重伤一级的，增加三年至四年刑期。

（4）抢夺造成被害人六级至三级残疾的，每增加一级残疾，增加六个月至一年刑期；造成被害人三级以上残疾的，每增加一级残疾，增加一年至二年刑期。

（5）其他增加刑罚量，确定基准刑的情形。

3. 十年以上量刑幅度的量刑起点和基准刑：

（1）抢夺导致他人死亡，或者抢夺数额达到15万元、不满30万元，且具有《抢夺解释》第二条第（三）至（十）项规定八种情形之一的，应当认定为刑法第二百六十七条规定的“其他特别严重情节”，在十年至十二年有期徒刑幅度内确定量刑起点。

（2）抢夺数额达到30万元的，在十年至十二年有期徒刑幅度内确定量刑起点。每增加1万至2万元，增加一个月刑期。

（3）每增加一人轻微伤，增加一个月至二个月刑期。每增加一人轻伤，轻伤二级的，增加六个月至一年刑期；轻伤一级的，增加一年至一年六个月刑期。每增加一人重伤，重伤二级的，增加二年至三年刑期；重伤一级的，增加三年至四年刑期。

（4）其他增加刑罚量，确定基准刑的情形。

4. 有下列情形之一的，可以从重处罚，但同时具有两种以上情形的，累计增加基准刑不超过100%（已在确定基准刑时评价的除外）：

（1）多次抢夺或者具有《抢夺解释》第二条第（四）至（十）项规定“驾驶机动车、非机动车抢夺的；组织、控制未成年人抢夺的；抢夺老年人、未成年人、孕妇、携带婴幼儿的人、残疾人、丧失劳动能力人的财物的；在医院抢夺病人或者其亲友财物的；抢夺救灾、抢险、防汛、优抚、扶贫、移民、救济款物的；自然灾害、事故灾害、社会安全事件等突发事件期间，在事件发生地抢夺的；导致他人轻伤或者精神失常等严重后果的”情形之一的，可以增加基准刑的30%以下，每增加一种情形，再累次增加基准刑的10%以下。

（2）为吸毒、赌博等违法活动而实施抢夺的，可以增加基准刑的20%以下。

（3）其他可以从重处罚的情形。

5. 有下列情形之一的，可以从宽处罚：

（1）因生活所迫、学习、治病急需而抢夺的，可以减少基准刑的20%以下。

（2）其他可以从轻处罚的情形。

**（九）职务侵占罪**

1. 五年以下量刑幅度的量刑起点和基准刑：

职务侵占数额达到6万元的，在六个月至一年有期徒刑幅度内确定量刑起点。每增加2万元，增加一个月刑期。

2. 五年以上量刑幅度的量刑起点和基准刑：

职务侵占数额达到100万元的，在五年至六年有期徒刑幅度内确定量刑起点。犯罪数额为600万以下的，每增加10万元，增加一个月刑期；犯罪数额超过600万元的，超过部分每增加50万元，增加一个月刑期。

3. 有下列情形之一的，可以从重处罚，但同时具有两种以上情形的，累计增加基准刑不超过100%（已在确定基准刑时评价的除外）：

（1）职务侵占行为严重影响生产经营或者造成其他严重损失或者影响恶劣的，增加基准刑的30%以下。

（2）职务侵占用于预防、控制突发传染病疫情等灾害款物的，增加基准刑的20%以下。

（3）多次职务侵占的，增加基准刑的20%以下。

（4）在企业改制、破产、重组过程中进行职务侵占的，增加基准刑的20%以下。

（5）职务侵占救灾、抢险、防汛、优抚、扶贫、移民、救济、捐助、社会保险、教育、征地、拆迁等专项款项和物资的，增加基准刑的20%以下。

（6）职务侵占的款项用于吸毒、赌博、非法经营、行贿、走私等违法犯罪活动的，增加基准刑的20%以下。

（7）其他可以从重处罚的情形。

（十）敲诈勒索罪

1. 三年以下量刑幅度的量刑起点和基准刑：

（1）敲诈勒索数额不满3千元，但两年内三次敲诈勒索的，在六个月拘役至一年有期徒刑幅度内确定量刑起点。敲诈勒索次数每增加一次，增加一个月刑期，累计增加刑期不得超过三个月。

（2）敲诈勒索数额达到1500元不满3千元，且具有两高《关于办理敲诈勒索刑事案件适用法律若干问题的解释》（以下简称《敲诈勒索解释》）第二条规定所规定“曾因敲诈勒索受过刑事处罚的；一年内曾因敲诈勒索受过行政处罚的；对未成年人、残疾人、老年人或者丧失劳动能力人敲诈勒索的；以将要实施放火、爆炸等危害公共安全犯罪或者故意杀人、绑架等严重侵犯公民人身权利犯罪相威胁敲诈勒索的；以黑恶势力名义敲诈勒索的；利用或者冒充国家机关工作人员、军人、新闻工作者等特殊身份敲诈勒索的；造成其他严重后果的”七种情形之一的，在六个月拘役至一年有期徒刑幅度内确定量刑起点。

（3）敲诈勒索数额达到3千元的，在六个月拘役至一年有期徒刑幅度内确定量刑起点。每增加2千元，增加一个月刑期。

（4）其他增加刑罚量，确定基准刑的情形。

敲诈勒索数额虽已达到3千元数额较大标准，但行为人认罪、悔罪，退赃、退赔，并具有下列情形之一的，可以认定为犯罪情节轻微，予以免除处罚：具有法定从宽处罚情节的；没有参与分赃或者获赃较少且不是主犯的；被害人谅解的；其他情节轻微、危害不大的。

2. 三年以上十年以下量刑幅度的量刑起点和基准刑：

（1）敲诈勒索数额达到4.8万元不满6万元，且具有《敲诈勒索解释》第二条第（三）至（七）项规定五种情形之一的，可以认定为刑法第二百七十四条规定的“其他严重情节”，在三年至四年有期徒刑幅度内确定量刑起点。

（2）敲诈勒索数额达到6万元的，在三年至四年有期徒刑幅度内确定量刑起点。每增加5千元，增加一个月刑期。

（3）其他增加刑罚量，确定基准刑的情形。

3. 十年以上量刑幅度的量刑起点和基准刑：

（1）敲诈勒索数额达到32万元不满40万元，且具有《敲诈勒索解释》第二条第（三）至（七）项规定五种情形之一的，可以认定为刑法第二百七十四条规定的“其他特别严重情节”，在十年至十二年有期徒刑幅度内确定量刑起点。

（2）敲诈勒索数额达到40万元的，在十年至十二年有期徒刑幅度内确定量刑起点。每增加3万至5万元，增加一个月刑期。

（3）其他增加刑罚量，确定基准刑的情形。

4. 有下列情形之一的，可以从重处罚，但同时具有两种以上情形的，累计增加基准刑不超过100%（已在确定基准刑时评价的除外）：

（1）具有多次敲诈勒索或者《敲诈勒索解释》第二条第（三）至（七）项规定“对未成年人、残疾人、老年人或者丧失劳动能力人敲诈勒索的；以将要实施放火、爆炸等危害公共安全犯罪或者故意杀人、绑架等严重侵犯公民人身权利犯罪相威胁敲诈勒索的；以黑恶势力名义敲诈勒索的；利用或者冒充国家机关工作人员、军人、新闻工作者等特殊身份敲诈勒索的；造成其他严重后果的”五种情形之一的，增加基准刑的30%以下，每增加一种情形，再累次增加基准刑的10%以下。

（2）为吸毒、赌博等违法活动而敲诈勒索的，增加基准刑的20%以下。

（3）其他可以从重处罚的情形。

5. 有下列情形之一的，可以从宽处罚：

（1）敲诈勒索近亲属财物，获得谅解的，一般不认为是犯罪；认定为犯罪的，可以减少基准刑的30－70%。

（2）因生活所迫、学习、治病急需而敲诈勒索的，可以减少基准刑的20%以下。

（3）其他可以从轻处罚的情形。

（十一）妨害公务罪

1. 构成妨害公务罪，犯罪情节一般、社会影响不大、犯罪后果较轻的，在六个月至一年有期徒刑幅度内确定量刑起点；犯罪情节较重、社会影响较大的，在一年至二年有期徒刑幅度内确定量刑起点。

2. 在量刑起点的基础上，根据妨害公务造成的后果、犯罪情节严重程度等其他犯罪事实增加刑罚量，确定基准刑：

（1）每增加一次妨害公务犯罪，增加六个月至一年刑期。

（2）每增加一人轻微伤，增加二个月至三个月刑期。每增加一人轻伤，轻伤二级的，增加六个月至一年刑期；轻伤一级的，增加一年至一年六个月刑期。

（3）毁损财物数额每增加2千至3千元，增加一个月刑期。

（4）持械妨害公务的，增加三个月至六个月刑期。

（5）造成交通堵塞、公共秩序混乱的，增加三个月至六个月刑期。

（6）其他增加刑罚量，确定基准刑的情形。

3. 暴力袭击正在依法执行职务的人民警察的，可以增加基准刑的10%—30%。

4. 有下列情形之一的，可以增加基准刑的20%以下：

（1）系煽动群众阻碍依法执行职务、履行职责的首要分子；

（2）妨害公务造成恶劣社会影响的；

（3）其他可以从重处罚的情形。

5. 因执行公务不规范而导致妨害公务犯罪发生的，可以减少基准刑的20%以下。

（十二）聚众斗殴罪

1. 构成聚众斗殴罪的，根据下列不同情形在相应的幅度内确定量刑起点：

（1）聚众斗殴一次，犯罪情节一般的，在一年至二年有期徒刑幅度内确定量刑起点。

（2）有下列情形之一的，在三年至四年有期徒刑幅度内确定量刑起点：聚众斗殴3次的；聚众斗殴人数超过20人，社会影响恶劣的；在公共场所或者交通要道聚众斗殴，造成社会秩序严重混乱的；持械聚众斗殴的。每增加一种情形，增加一年至二年刑期。

2. 在量刑起点的基础上，根据聚众斗殴人数、次数、手段、伤害后果等其他犯罪事实增加刑罚量，确定基准刑：

（1）聚众斗殴一方人数达到5人不满10人的，增加三个月至六个月刑期；达到10人不满20人的，增加六个月至一年刑期。

（2）聚众斗殴每增加一次，增加六个月至一年刑期。

（3）每增加一人轻微伤，增加一个月至二个月刑期。每增加一人轻伤，轻伤二级的，增加六个月至一年刑期；轻伤一级的，增加一年至一年六个月刑期。

（4）聚众斗殴造成交通堵塞、公共秩序混乱的，增加三个月至六个月刑期。

（5）其他增加刑罚量，确定基准刑的情形。

3. 有下列情形之一的，可以增加基准刑的20%以下：

（1）组织未成年人聚众斗殴的；

（2）聚众斗殴造成公私财物较大损失的；

（3）其他可以从重处罚的情形。

4. 因民间矛盾、纠纷引发聚众斗殴的，可以减少基准刑的30%以下。

（十三）寻衅滋事罪

1. 五年以下量刑幅度的量刑起点和基准刑：

（1）随意殴打他人，破坏社会秩序，具有两高《关于办理寻衅滋事刑事案件适用法律若干问题的解释》（以下简称《寻衅滋事解释》）第二条所规定“致一人以上轻伤或者二人以上轻微伤的；引起他人精神失常、自杀等严重后果的；多次随意殴打他人的；持凶器随意殴打他人的；随意殴打精神病人、残疾人、流浪乞讨人员、老年人、孕妇、未成年人，造成恶劣社会影响的；在公共场所随意殴打他人，造成公共场所秩序严重混乱的；其他情节恶劣的情形”的七种情形之一，在一年六个月至三年有期徒刑幅度内确定量刑起点。每增加一种情形，增加六个月至一年刑期。

随意殴打他人超过三次的，每增加一次，增加六个月至一年刑期；每增加一人轻微伤，增加二个月至四个月刑期，每增加一人轻伤，轻伤二级的，增加六个月至一年刑期，轻伤一级的，增加一年至一年六个月刑期；其他增加刑罚量确定基准刑的情形，参照上述规定。

（2）追逐、拦截、辱骂、恐吓他人，破坏社会秩序，具有《寻衅滋事解释》第三条所规定“多次追逐、拦截、辱骂、恐吓他人，造成恶劣社会影响的；持凶器追逐、拦截、辱骂、恐吓他人的；追逐、拦截、辱骂、恐吓精神病人、残疾人、流浪乞讨人员、老年人、孕妇、未成年人，造成恶劣社会影响的；引起他人精神失常、自杀等严重后果的；严重影响他人的工作、生活、生产、经营的；其他情节恶劣的情形”的六种情形之一，在一年至三年有期徒刑幅度内确定量刑起点。每增加一种情形，增加六个月至一年刑期。

追逐、拦截、辱骂、恐吓他人超过三次的，每增加一次，增加六个月至一年刑期；其他增加刑罚量确定基准刑的情形，参照上述规定。

（3）强拿硬要或者任意损毁、占用公私财物，破坏社会秩序，具有《寻衅滋事解释》第四条所规定“强拿硬要公私财物价值一千元以上，或者任意毁损、占用公私财物价值二千元以上的；多次强拿硬要或者任意损毁、占用公私财物，造成恶劣社会影响的；强拿硬要或者任意损毁、占用精神病人、残疾人、流浪乞讨人员、老年人、孕妇、未成年人的财物，造成恶劣社会影响的；引起他人精神失常、自杀等严重后果的；严重影响他人的工作、生活、生产、经营的；其他情节恶劣的情形”六种情形之一，在一年至三年有期徒刑幅度内确定量刑起点。每增加一种情形，增加六个月至一年刑期。

强拿硬要或者任意损毁、占用公私财物超过三次的，每增加一次，增加六个月至一年刑期；强拿硬要公私财物超过一千元的，每增加一千元，增加一个月刑期；任意毁损、占用公私财物超过二千元的，每增加二千元，增加一个月刑期；其他增加刑罚量确定基准刑的情形，参照上述规定。

（4）在车站、码头、机场、医院、商场、公园、影剧院、展览会、运动场或者其他公共场所起哄闹事，造成公共场所秩序严重混乱的，在一年至三年有期徒刑幅度内确定量刑起点。

（5）行为人同时具有两种以上寻衅滋事行为的，应当以较重的一种寻衅滋事行为确定量刑起点，以其他寻衅滋事行为作为增加刑罚量的犯罪事实。

（6）犯罪情节轻微，行为人认罪、悔罪，主动退赔退赃或者积极赔偿被害人损失，取得被害人谅解的，可依法免除处罚。

2. 五年以上量刑幅度的量刑起点和基准刑：

（1）纠集他人实施寻衅滋事犯罪达到三次，未经处理的，在五年至六年有期徒刑幅度内确定量刑起点。

（2）在量刑起点的基础上，根据寻衅滋事次数、伤害后果根据寻衅滋事次数、伤害后果、强拿硬要他人财物或者任意损毁、占用公私财物数额等犯罪事实增加刑罚量，确定基准刑。增加刑罚量的标准参照本罪第1条的规定。

3、有下列情形之一的，可以增加基准刑的20%以下：

（1）带有黑社会性质或者恶势力性质的；

（2）纠集未成年人寻衅滋事的；

（3）其他可以从重处罚的情形。

（十四）掩饰、隐瞒犯罪所得、犯罪所得收益罪

1. 三年以下量刑幅度的量刑起点和基准刑：

（1）掩饰、隐瞒犯罪所得、犯罪所得收益具有下列情形之一的，可以在三个月拘役至六个月有期徒刑幅度内确定量刑起点：掩饰、隐瞒犯罪所得、犯罪所得收益所得及其产生的收益价值达到5千元的，一年内曾因掩饰、隐瞒犯罪所得及其产生的收益行为受过行政处罚，又实施掩饰、隐瞒犯罪所得及其产生的收益行为的；掩饰、隐瞒犯罪所得系电力设备、交通设施、广播电视设施、公用电信设施、军事设施或者救灾、抢险、防汛、优抚、扶贫、移民、救灾款物的；掩饰、隐瞒行为致使上游犯罪无法及时查处，并造成公私财产损失无法挽回的；实施其他掩饰、隐瞒犯罪所得及其产生的收益行为，妨害司法机关对上游犯罪进行追究的。掩饰、隐瞒犯罪所得、犯罪所得收益数额每增加3千元，增加一个月刑期；其他增加刑罚量确定基准刑的情形，参照上述规定。

（2）明知是盗窃、抢劫、诈骗、抢夺的机动车而掩饰、隐瞒机动车1辆的，在六个月至一年有期徒刑幅度内确定量刑起点。每增加1辆机动车，增加三个月至六个月刑期；其他增加刑罚量确定基准刑的情形，参照上述规定。

（3）既有掩饰、隐瞒犯罪所得机动车的行为，又有掩饰、隐瞒其他犯罪所得、犯罪所得收益行为的，以较重的行为确定量刑起点，以其他犯罪行为作为增加刑罚量确定基准刑的犯罪事实。

2. 三年以上七年以下量刑幅度的量刑起点和基准刑：

（1）掩饰、隐瞒犯罪所得、犯罪所得收益具有下列情形之一的，可以在三年至四年有期徒刑幅度内确定量刑起点：掩饰、隐瞒犯罪所得、犯罪所得收益价值总额达到5万元以上的；掩饰、隐瞒的犯罪所得系电力设备、交通设施、广播电视设施、公用电信设施、军事设施或者救灾、抢险、防汛、优抚、扶贫、移民、救灾款物，价值总额达到5万元的；掩饰、隐瞒行为致使上游犯

罪无法及时查处，并造成公私财产重大损失无法挽回或者其他严重后果的；实施其他掩饰、隐瞒犯罪所得及其产生的收益行为，严重妨害司法机关对上游犯罪进行追究的。犯罪数额每增加3万至5万元，增加一个月刑期；其他增加刑罚量，确定基准刑的情形，参照上述规定。

（2）明知是盗窃、抢劫、诈骗、抢夺的机动车而掩饰、隐瞒达到5辆的，在三年至四年有期徒刑幅度内确定量刑起点。每增加1辆机动车，增加三个月至六个月刑期；其他增加刑罚量，确定基准刑的情形。

（3）既有掩饰、隐瞒犯罪所得机动车的行为，又有掩饰、隐瞒其他犯罪所得、犯罪所得收益行为的，以较重的行为确定量刑起点，以其他犯罪行为作为增加刑罚量确定基准刑的犯罪事实。

3. 有下列情形之一的，可以增加基准刑的20%以下（已在确定基准刑时评价的除外）：

（1）多次掩饰、隐瞒犯罪所得、犯罪所得收益或者以掩饰、隐瞒犯罪所得、犯罪所得收益为业的；

（2）犯罪对象涉及国家安全、公共安全或重大公共利益的；

（3）其他可以从重处罚的情形。

（十五）走私、贩卖、运输、制造毒品罪

1. 三年以下量刑幅度的量刑起点和基准刑：

（1）走私、贩卖、运输、制造鸦片不满20克，海洛因或者甲基苯丙胺不满1克或者其他极少量毒品的（见附件），在三个月拘役至九个月有期徒刑幅度内确定量刑起点和基准刑。

（2）走私、贩卖、运输、制造鸦片达到20克、不满200克，海洛因或者甲基苯丙胺达到1克、不满10克，或者其他少量毒品的（见附件），在九个月至一年有期徒刑幅度内确定量刑起点。鸦片每增加8克，海洛因或者甲基苯丙胺每增加0.4克，或者其他毒品每增加一定数量，增加一个月刑期。

（3）其他增加刑罚量，确定基准刑的情形。

2. 三年以上七年以下量刑幅度的量刑起点和基准刑：

（1）走私、贩卖、运输、制造鸦片不满20克，海洛因或者甲基苯丙胺不满1克，或者其他极少量毒品，同时具有最高人民法院《关于审理毒品案件适用法律若干问题的解释》（以下简称《毒品案件解释》）第四条所规定的“向多人贩卖毒品或者多次走私、贩卖、运输、制造毒品的；在戒毒场所、监管场所贩卖毒品的；向在校学生贩卖毒品的；组织、利用残疾人、严重疾病患者、怀孕或者正在哺乳自己婴儿的妇女走私、贩卖、运输、制造毒品的；国家工作人员走私、贩卖、运输、制造毒品的；其他情节严重的情形”六种情形之一的，认定为情节严重的，在三年至三年六个月有期徒刑幅度内确定量刑起点。

（2）走私、贩卖、运输、制造鸦片达到20克，不满200克，海洛因或者甲基苯丙胺达到1克，不满10克，或者其他少量毒品，同时具有《毒品案件解释》第四条所规定的六种情形之一，认定为情节严重的，在三年六个月至四年有期徒刑幅度内确定量刑起点。鸦片每增加5克，海洛因或者甲基苯丙胺每增加0.25克，或者其他毒品每增加相应数量，增加一个月刑期。其他增加刑罚量，确定基准刑的情形，参照上述规定。

3. 七年以上十五年以下量刑幅度的量刑起点和基准刑：

走私、贩卖、运输、制造鸦片200克，海洛因或者甲基苯丙胺10克，或者其它毒品数量较大的（见附件），量刑起点为七年至八年有期徒刑。鸦片每增加10克，海洛因或者甲基苯丙胺每增加0.5克，或者其他毒品每增加相应数量，增加一个月刑期；其他增加刑罚量，确定基准刑的情形，参照上述规定。

4. 十五年以上量刑幅度的量刑起点和基准刑：

（1）走私、贩卖、运输、制造鸦片1千克，海洛因或者甲基苯丙胺50克，或者其它毒品数量大的（见附件），量刑起点为十五年有期徒刑。

（2）具有下列情形之一的，量刑起点为十五年有期徒刑：走私、贩卖、运输、制造毒品集团的首要分子；武装掩护走私、贩卖、运输、制造毒品的；以暴力抗拒检查、拘留、逮捕，情节严重的；参与有组织的国际贩毒活动的。

（3）其他增加刑罚量，确定基准刑的情形。

（4）依法应当判处无期徒刑以上刑罚的适用《山东省高级人民法院关于部分毒品犯罪案件刑罚适用的指导意见》的相关规定。

5. 有下列情形之一的，可以从重处罚，但同时具有两种以上情形的，累计增加基准刑不超过100%（已在确定基准刑时评价的除外）：

（1）向多人贩卖毒品或者多次走私、贩卖、运输、制造毒品的；

（2）在戒毒场所、监管场所贩卖毒品的；

（3）向在校学生贩卖毒品的；

（4）组织、利用残疾人、严重疾病患者、怀孕或者正在哺乳自己婴儿的妇女走私、贩卖、运输、制造毒品的；

（5）国家工作人员走私、贩卖、运输、制造毒品的；

（6）教唆、利用未成年人走私、贩卖、运输、制造毒品的；

（7）系毒品再犯的（已评价为累犯的除外）

（8）其他可以从重处罚的情形。

6. 具有下列情形之一的，可以减少基准刑的30%以下：

（1）毒品含量明显偏低的；

（2）存在数量引诱的；

（3）有吸毒情节，将购买或查扣毒品计入贩毒数量的；

（4）受指使、雇佣或者被诱骗运输毒品的；

（5）其他可以从轻处罚的情节。

## 六、附则

1. 本细则仅规范上列十五种犯罪判处有期徒刑、拘役的案件，其他判处有期徒刑、拘役的案件，可以参照量刑指导原则、基本方法和常见量刑情节的适用规范量刑。

2. 本细则所称以上、以下，均包括本数。

3. 本实施细则将随法律、司法解释、刑事司法政策及最高人民法院的规定适时作出调整。调整前，新颁布的新颁布的法律、司法解释与本实施细则不一致的，适用新的法律、司法解释。

4. 本细则自印发之日起实施，原实施细则同时废止。

5. 本细则由山东省高级人民法院负责解释。

[司法实务问题研究]

# 非法行医被判刑后，又非法行医，是否再次构成犯罪的问题探讨

崔建坤[*]

案情：张某因非法行医被卫生行政部门两次行政处罚后，再次非法行医，后被法院判刑。刑罚执行完毕后，张某又再次非法行医被查获。

问题：张某的行为是否再次构成非法行医罪。

我国刑法第三百三十六条规定：未取得医生执业资格的人非法行医，情节严重的，处三年以下有期徒刑、拘役或管制……。同时，《最高人民法院关于审理非法行医刑事案件具体应用法律若干问题的解释》第二条规定，具有下列情形之一的，应认定为“情节严重”：（1）造成就诊人轻度残疾、器官组织损伤导致一般功能障碍的；（2）造成甲类传染病传播、流行或者有传播、流行危险的；（3）使用假药、劣药或不符合国家规定标准的卫生材料、医疗器械，足以严重危害人体健康的；（4）非法行医被卫生行政部门行政处罚两次以后，再次非法行医的；（5）其他情节严重的情形。

有观点认为，行为人因为非法行医被两次行政处罚，而后又非法行医，已经被判刑，以前的非法行医行为已经在第一次判刑时予以评价。而其在被判刑后再次非法行医，就不能再拿其以前被行政处罚的事实来再次评价，否则就是重复评价。所以，其再次非法行医的行为不能直接再次构成犯罪，应当需要再

* 作者单位：江苏省淮安市淮阴区人民法院。

次经过两次的行政处罚，若其再实施非法行医行为，方能认定为犯罪。

有观点认为，行为人因非法行医被两次行政处罚后再次非法行医，已被判处刑罚，说明其主观恶性较深，行为危害性后果严重。而在此情况下，其却无视法律规定，再次非法行医，说明其主观上具有再次犯罪的故意，行为恶性更大，可以认定其因非法行医被两次行政处罚后再次非法行医，构成犯罪，对以前判刑时考量的已被行政处罚两次的情节可以再次考量，不属于重复评价。

有观点认为，因为非法行医两次被行政处罚而再次非法行医，已构成犯罪，现在行为人因为非法行医被刑事处罚后，而再次非法行医，当然更应当构成犯罪。理由是，从法律上看，刑事处罚重于行政处罚。按照举轻以明重的理念，被行政处罚都构成犯罪，被刑事处罚了，当然更构成犯罪。符合司法解释第（5）项“其他情节严重的情形”。

对于该种行为是否再次构成犯罪的问题，法条和司法解释没有明确规定。抛开司法解释第（5）项兜底条款来看，这种情形好像是不能构成犯罪的。从其他罪名的规定来看，盗窃罪的司法解释中规定，下列情形可以按“数额较大”标准的百分之五十确定：（1）曾因盗窃受过刑事处罚的；（2）一年内曾因盗窃受过行政处罚的……而在非法行医罪的司法解释中，所列举的（1）（2）（3）（4）项都不包含因非法行医受过刑事处罚的情形。那么是否构成司法解释第（5）项兜底条款“其他情节严重的情形”。笔者认为，对于兜底条款的适用，应当非常慎重，防止解释扩大化。应当看现有情形与法条上已经详细列举的几项情形在性质上和严重程度上是否相当。如果现有情形显然轻于已列举出的情形，则不能适用兜底条款。也就是看被刑事处罚和被两次行政处罚，是否情形相当。就本案看，张某因非法行医被两次行政处罚后再次非法行医，已被法律评价为犯罪行为，在此情况下，其再次非法行医，说明其主观上具有犯罪的故意。从行为情节上看，其再次非法行医的行为，已经是在受过两次行政处罚、一次刑事处罚后所实施，行为危害性更大，具有刑罚处罚性，可以认定为系“其他情节严重的情形”，对其定罪处罚，符合罪行法定的原则以及主客观相统一的原则。相反，若要求其再重新受到两次行政处罚尔后才能予以再次刑事处罚，则会增加其行为给社会带来的危险性，亦有放纵犯罪之嫌。

[新类型疑难案例选评]

# 苏某单位行贿案

曹之华　李　凯*

【裁判要旨】

行贿案件中，判断行贿行为是单位行为还是个人行为，应当以是否体现单位意志、不正当利益的归属作为判断依据，如果行贿行为体现了单位意志，所谋取的利益归单位所有，则应按单位犯罪来处理，反之则按个人犯罪处理；判断行贿行为是犯罪预备还是犯罪未遂，应当以行贿行为是否着手作为判断依据，如果行贿行为已着手，则应按犯罪未遂处理，反之则按犯罪预备处理；判断行贿行为是否着手应以是否具有侵害法益的紧迫危险作为判断依据，如果行贿行为造成侵害国家工作人员职务行为的廉洁性与不可收买性达到紧迫危险程度，则应按已着手处理，反之则按未着手处理。

【案情简介】

公诉机关指控：2005年，被告人苏某在担任深圳市嘉讯软件有限公司股东期间，为在与中国移动通信集团广东有限公司的业务中谋取利益，请求时任中国移动通信集团广东有限公司总经理徐某（另案处理）提供帮助，并通过其哥哥苏某某为徐某的女儿徐某某支付购买杭州“栖溪名园”商品房的部分款项人民币520120元和购买车库的款项人民币25万元，共计人民币770120

* 作者单位：广州市天河区人民法院。

元。2012 年 11 月 28 日，徐某妻子王某某因担心案发而向苏某妻子杨某某的银行账户退回人民币 580480 元。

2007 年 11 月，被告人苏某在并未参与深圳市嘉讯软件有限公司实际经营的情况下，向嘉讯公司股东陈某某、盛某某虚构其要向时任中国移动通信集团广东有限公司总经理徐某行贿的事实，骗取深圳市嘉讯软件有限公司人民币 50 万元。2012 年 9 月，被告人苏某以同样方法骗取嘉讯公司人民币 100 万元。

公诉机关认为被告人苏某为谋取不正当利益而给予国家工作人员财物，以非法占有为目的，诈骗他人财物，数额特别巨大，其行为已构成行贿罪和诈骗罪，提请本院依法判处，并列举了相关证据。

被告人苏某对于指控其行贿徐某人民币 770120 元的事实不持异议并表示认罪，但辩称其并没有虚构要向徐某行贿而骗取公司人民币 150 万元，事实上，涉案的人民币 150 万元系嘉讯公司与其哥哥的两个公司之间的正常业务往来款。

被告人苏某的辩护人提出如下辩护意见：（1）对于行贿罪，被告人有自首情节。（2）关于诈骗罪，涉案的 150 万元是被告人苏某作为嘉讯公司股东从事协调公关所花去的费用，事后事情也办成了，故不存在诈骗的问题。综上，请求法庭对其从轻减轻处罚。

经审理查明：深圳市嘉讯软件有限公司（以下简称嘉讯公司）于 2003 年 1 月 6 日登记成立，类型为有限责任公司，住所地位于深圳市南山区科技南十二路 18 号长虹科技大厦 15 楼 01 单元、03 – 05 单元，法定代表人为陈某某，经营范围包括通讯产品的销售等。公司股东包括苏某、盛某某、陈某某等人。2005 年至 2012 年期间，嘉讯公司在与中国移动通信集团广东有限公司开展业务的过程中，为谋取不正当利益，由被告人苏某经手向时任中国移动通信集团广东有限公司总经理徐某（另案处理）行贿。具体事实如下：

一、2005 年至 2006 年期间，被告人苏某请求徐某对嘉讯公司提供帮助，通过其哥哥苏某某为徐某的女儿徐瑛智支付购买杭州“栖溪名园”商品房的部分款项人民币 520120 元和购买车库的款项人民币 25 万元，共计人民币 770120 元。2012 年 11 月 28 日，徐某妻子王某某因担心案发而向苏某妻子杨某某的银行账户退回人民币 580480 元。

二、2007 年 11 月，嘉讯公司为了尽快追回一笔业务款，决定由被告人苏某向徐某行贿人民币50万元，后嘉讯公司将人民币50万元转账至被告人苏某指定的“浙江人文天地广告有限公司”账号内。事后被告人苏某没有向徐某贿送该笔款项。2012年9月，嘉讯公司为了在移动公司MAS服务中保持或进一步扩大份额，决定由被告人苏某向徐某行贿人民币100万元，后嘉讯公司将人民币100万元转账至被告人苏某指定的“杭州璇墨斋会务公司”账号内。事后被告人苏某没有向徐某贿送该笔款项。

2013年9月25日，被告人苏某到向广州市人民检察院投案自首，并主动交代上述向徐某行贿人民币770120元的事实，并退出贿赂款人民币580480元（款项扣押于中共广东省纪委）。同日，广州市人民检察院决定对苏某涉嫌行贿犯罪立案侦查。

**【审理结果】**

广州市天河区人民法院一审判决判决被告人苏某犯单位行贿罪，判处有期徒刑一年六个月。

一审判决后，被告人苏某并没有提出上诉，公诉机关没有提出抗诉，本案已发生法律效力。

**【裁判理由】**

广州市天河区人民法院一审认为，嘉讯公司是一家从事通讯产品销售等业务的公司，与中国移动公司长期有业务上的联系，并签订有多份购销合同，2005年至2012年期间，作为嘉讯实际股东的被告人苏某与徐某夫妇关系密切，并有多次接触，期间，有多次向徐某夫妇贿送财物或意图贿送财物的行为，其中：（1）2005年至2006年期间，被告人苏某请求徐某对嘉讯公司提供帮助而向徐某夫妇行贿人民币77.012万元，该宗事实有受贿人徐某、王某某及被告人苏某的供述相印证，且有涉案的商品房买卖合同、车库协议书、记账凭证、银行回单等书证相佐证，足以认定。（2）2007年和2012年，为了尽快追回公司业务款以及为了公司在MAS服务中保持或进一步扩大持有的份额，苏某、盛某某和陈某某等股东经商量决定由作为公司实际股东的被告人苏某向徐某行贿50万元和100万元，并由公司将两笔贿赂款转账至被告人苏某指定的账号。该部分事实有盛某某、陈某某的证言及被告人苏某在侦查阶段稳定的供述相印证，且有银行转账记录等书证相佐证，足以认定；虽然现有证据不足以认定事后被告人苏某向徐某贿送涉案款项，但徐某及其下属李某某确实帮嘉讯公司在中移动的 MAS 服务中保持或进一步扩大持有的股份，让嘉讯公司中标等，该部分事实有盛某某、陈某某的证言及徐某、李欣泽、苏某的供述相印证。综上，嘉讯公司为谋取不正当利益，经公司决策并出资，由被告人苏某经手向徐某行贿人民币 77.012 万元，另将准备好的行贿款 150 万元转到被告人苏某控制之下，意图向徐某行贿，故应以单位行贿罪对被告人苏某定罪处罚。此外，嘉讯公司出具《资金证明》明确被告人苏某不存在欺诈与骗取公司款项，亦未报案，公司股东陈某某、盛某某出庭作证称涉案款项用于为公司追回业务款或业务推广，并没有向被告人苏某主张款项。因此，公诉机关指控被告人苏某犯诈骗罪的证据不足，本院不予认定。

被告人苏某作为嘉讯公司的直接负责的主管人员，为公司谋取不正当利益而向国家工作人员贿送财物，情节严重，其行为已构成单位行贿罪。被告人苏某在行贿人民币 227.012 万元的犯罪中，其中有人民币 150 万元的行贿为犯罪准备工具、制造条件，属犯罪预备，可以比照既遂犯从轻处罚。被告人苏某在被追诉前主动交待主要行贿行为，可以减轻处罚。

［评析］

# 犯罪主体与行为着手的认定

## 一、犯罪主体的认定，区分行贿罪与单位行贿罪

行贿罪是指为谋取不正当利益，给予国家工作人员以财物，或在经济往来中，违反国家规定，给予国家工作人员以财物，数额较大，或者违反国家规定，给予国家工作人员以各种的名义的回扣、手续费的行为。单位行贿罪是指公司、企业、事业单位、机关、人民团体为谋取不正当利益而行贿，或者违反国家规定，给予国家工作人员以回扣、手续费，情节严重的行为。从法律规定看，行贿罪和单位行贿罪的明显区别是犯罪主体不同。行贿罪的主体是自然人，而单位行贿罪的主体是单位。不过单位是法律拟制主体，其自身所做出的任何行为都需要由个人之力而付诸实施，故个人实施的行为是个人行为还是单

位行为会产生争议。在个人利益与单位利益重合或交叉的情况下，认定行贿犯罪是为了个人利益还是单位利益存在困难。在行贿罪与单位行贿罪界限认定上，关键是看两个方面：一是行贿意志。行贿罪中的行贿意志是个人意志，其出发点与归属点在于为个人谋取不正当利益，而单位行贿罪中的行贿意志是单位意志，其出发点与归属点在于为单位谋取不正当利益。二是利益归属。行贿罪的实质是为了个人谋取不正当利益而行贿，单位行贿罪是为了单位整体的利益而行贿，故不正当利益的归属是区分单位行贿和自然人行贿的关键所在。因此，在行贿案件中，断行为人的行为是单位行为还是个人行为，应当以是否体现单位意志、不正当利益的最终归属作为判断依据，如果行贿行为体现了单位意志，所谋取的利益归单位所有，则应按单位犯罪来处理，反之则应按个人犯罪处罚。

本案中，被告人苏某向时任中国移动通信集团广东有限公司总经理徐某行贿人民币227.012万元，是为了帮助嘉讯公司尽快追回业务款以及在MAS服务中保持或进一步扩大持有份额等，谋取的不正当利益归属公司，且经过嘉讯公司股东会讨论决定，体现了单位意志，虽然被告人苏某出于其他原因没有将贿赂款中的人民币150万元贿送出去，但嘉讯公司并未就被诈骗或者被侵占向公安机关报案，且在本案审理过程中还出具《资金证明》称涉案的人民币150万元用于公司市场推广，苏某是公司股东，不存在欺诈、骗取公司款项的行为，股东陈某某、盛某某也没有提出向苏某追偿涉案款项的问题。因此，被告人苏某的行为属于为公司谋取不正当利益而行贿，应以单位行贿罪定罪处罚。

## 二、行为着手的认定，区分犯罪预备与犯罪未遂

故意犯罪包含犯罪预备、未遂等未完成形态①。单位行贿罪属于故意犯罪，当然可以存在犯罪未完成形态。其中犯罪预备是指为了实行犯罪，准备工具、制造条件，但由于意志以外的原因而未能着手实行犯罪。犯罪未遂是指已经着手实行犯罪，但由于意志以外的原因而未得逞。可见犯罪预备与犯罪未遂的关键区别就在于行为是否已经着手。关于行为着手的具体判断标准，我国刑法理论界一直存在着形式的客观说与实质的客观说的对立。形式的客观说认为

① 于志刚：《刑法学总论》，中国法制出版社2010年版，第220页。

开始实施刑法分则规定的具体犯罪构成客观要件时的行为即为着手[1]；而实质的客观说认为开始实施引起侵害法益紧迫危险时的行为时即为着手。[2] 笔者认为，实质的客观说更符合我国立法现实，具有合理性。犯罪的本质是侵害法益，既然我国刑法总则规定了犯罪预备的定义与处罚原则，说明犯罪预备行为也具有侵害法益的危险，否则不可能构成犯罪。那么，犯罪未遂只能是具有侵害法益的现实紧迫危险。换而言之，只有当行为人开始实施引起侵害法益的现实紧迫危险状态时才是行为的着手。具体到单位行贿罪而言，本罪所保护的法益是国家工作人员职务行为的廉洁性与不可收买性，只有当国家工作人员职务行为的廉洁性与不可收买性受侵害的危险性达到了紧迫程度才是本罪的实行行为，即具体的经手人向国家工作人员开始贿送财物时或者向国家工作人员许诺将要贿送财物时才是本罪的着手行为。

本案中，嘉讯公司为谋取不正当利益，股东会决定由公司股东即被告人苏某作为经手人向国家工作人员行贿人民币227.012万元，但被告人苏某出于个人考虑因素并没有将贿赂款中的人民币150万元贿送出去。需要说明的是，虽然嘉讯公司已将该贿赂款人民币150万元转账至被告人苏某指定的银行账户，但被告人苏某并没有向涉案国家工作人员贿送该笔贿赂款，亦未向涉案国家工作人员许诺或暗示将要向其贿送财物，就该笔贿赂款而言，被告人苏某的行为并没有造成侵害国家工作人员职务行为的廉洁性与不可收买性达到紧迫危险的程度。也就是说，被告人苏某针对该笔款项的行贿行为并没有实际着手。因此，被告人苏某作为嘉讯公司的直接负责的主管人员，在行贿人民币227.012万元的犯罪中，其中有人民币150万元并没有贿送出去，属于为了犯罪，准备工具、制造条件，是犯罪预备，就该笔款项而言，可以比照既遂犯从轻、减轻处罚。



---

① 高铭暄：《中国刑法学》，中国人民大学出版社1989年版，第173页。

② 张明楷：《刑法学》，法律出版社2011年版，第319页。

# 吴某某被控挪用资金罪案

艾筱姑　张顺强*

## 【裁判要旨】

虽然实行注册资本认缴制公司股东或发起人虚报注册资本、虚假出资、抽逃出资的行为不再评价为犯罪，但其行为同时构成挪用资金罪等其他罪名的，应以其他实际构成的罪名定罪处罚。

## 【案情简介】

被告人：吴某某

公诉机关：金堂县人民检察院。

2014 年 4 月 23 日，金堂县人民检察院以被告人吴某某犯抽逃出资罪，指控称，2011 年 2 月 17 日，被告人吴某某与他人注册成立四川仨和置业有限公司（现四川仨和农业开发有限责任公司），注册资本为 900 万元，2011 年 2 月 25 日，被告人吴某某及其他股东首次缴纳注册资本 180 万元，被告人吴某某为了夸大公司实力，决定借资缴足余下 720 万元注册资本。2011 年 3 月 7 日，经周某中介，某中介机构将 720 万元款汇入四川仨和置业有限公司的验资账户，验资完成转回公司基本账户后，被告人吴某某将 720 万元转回给中介机构。其后，被告人吴某某以支付机械费的名义，将 180 万元转入四川亚鑫建筑有限公司崇州分公司，之后，该公司分两次将该 180 万元转到吴某某的个人银行账号，该账号同时用于公司资金往来。2011 年 3 月 10 日、3 月 26 日，被告

* 作者单位：四川省金堂县人民法院。

人吴某某在未经其他股东知晓并同意的情况下，从该个人银行卡但同时用于公司资金往来的卡上分别转账两次共计 58 万元给王某，用于支付其个人与王某等人合伙修建公路尚欠的工程材料款。2011 年 4 月、6 月，被告人吴某某先后两次共计向四川仨和置业有限责任公司归还 58 万元。金堂县人民检察院认为，被告人吴某某在公司成立后抽出资数额巨大，已触犯《中华人民共和国刑法》第一百五十九条之规定，应当以抽逃出资罪追究刑事责任。

2014 年 6 月 19 日，金堂县人民检察院申请延期审理，同年 7 月 7 日，金堂县人民检察院变更起诉，指控被告人吴某某的罪名由抽逃出资罪变更为挪用资金罪。变更起诉称，2011 年 2 月 25 日，被告人吴某某将公司股东首次缴纳的注册资本人民币 180 万元，通过四川亚鑫建筑有限公司崇州分公司，分两次将其转到自己个人建设银行卡上，2011 年 3 月 10 日、3 月 26 日被告人吴某某从个人建设银行卡上分别转账两次共计 58 万元给王某，用于支付与王某个人合伙修建公路的材料款。金堂县人民检察院认为，被告人吴某某的行为构成挪用资金罪，应当依照《中华人民共和国刑法》第二百七十二条的规定依法判处。

被告人吴某某对指控其犯挪用资金的事实无异议，自愿认罪，请求从轻处罚。其辩护人认为，被告人吴某某在公安机关立案前，多次主动向公安机关供述挪用公司资金的事实，归案后认罪态度好，应当认定为自首，且挪用公司资金的时间短并已全部归还，请求从轻或减轻处罚并适用缓刑。

## 【审理结果】

四川省金堂县人民法院经审理认为：被告人吴某某利用职务上的便利，挪用本单位的资金 58 万元用于个人使用，数额巨大，其行为已构成挪用资金罪。公诉机关指控被告人吴某某犯挪用资金罪罪名成立。被告人吴某某在公安机关立案前，虽接受了公安机关的询问，但其并未如实供述挪用公司资金的事实，案发后，被告人吴某某如实陈述了挪用公司资金的事实，系坦白，依法可从轻处罚。被告人吴某某犯罪后，及时归还了挪用的资金，有悔罪表现，依法可对其酌情从轻处罚。鉴于被告人吴某某的犯罪事实与情节以及归案后的认罪态度，对被告人吴某某适用缓刑也不致再危害社会，对其辩护人关于从轻处罚并适用缓刑的辩护意见予以采纳。

依照《中华人民共和国刑法》第二百七十二条第一款、第六十七条第三款、第七十二条第一款、第七十三条第二款、第三款之规定，判决：被告人吴某某犯挪用资金罪，判处有期徒刑三年，宣告缓刑四年。

判决宣告后，被告人没有上诉，公诉机关未提出撤诉，该判决已发生法律效力。

［评析］

## 注册资本认缴制公司股东抽逃出资的行为不再评价为犯罪，但其行为同时构成他罪的仍应定罪处罚

2013 年 12 月 28 日修订的《中华人民共和国公司法》第二十六条将原注册资本实缴登记变更为注册资本认缴登记。这项重大变化反映到刑法中，必然引起虚报注册资本、虚假出资、抽逃出资罪的犯罪适用范围变化。除仍实行注册资本实缴制度的银行业金融机构、证券公司、期货公司、基金管理公司、保险公司、保险专业代理机构和保险经纪人、直销企业、对外劳务合作企业、融资性担保公司、募集设立的股份有限公司，以及劳务派遣企业、典当行、保险资产管理公司、小额贷款公司外，自 2014 年 3 月 1 日起，其他公司中的虚报注册资本、虚假出资、抽逃出资的行为，不应再评价为犯罪。如果行为人触犯其他刑法条款，构成其他犯罪的，则以其他罪名定罪处罚。

### 一、修改后公司法对刑法相关罪名的影响

2013 年 12 月 28 日，第十二届全国人民代表大会常务委员会第六次会议通过了关于修改公司法的决定，对 2005 年公司法进行了 12 处修改，将原公司法第二十六条规定将原注册资本实缴登记修改为注册资本认缴登记，即将“有限责任公司的注册资本为在公司登记机关登记的全体股东认缴的出资额。公司全体股东的首次出资额不得低于注册资本的百分之二十，也不得低于法定的注册资本最低限额，其余部分由股东自公司成立之日起两年内缴足；其中，投资公司可以在五年内缴足”“有限责任公司注册资本的最低限额为人民币三万元。法律、行政法规对有限责任公司注册资本的最低限额有较高规定的，从其规定”修改为“有限责任公司的注册资本为在公司登记机关登记的全体股东

认缴的出资额”“法律、行政法规以及国务院决定对有限责任公司注册资本实缴、注册资本最低限额另有规定的，从其规定”，并决定自2014年3月1日起施行。

2014年2月7日，根据第十二届全国人民代表大会常务委员会第六次会议的上述决定，国务院印发的《注册资本登记制度改革方案》规定：“现行法律、行政法规以及国务院决定明确规定银行业金融机构、证券公司、期货公司、基金管理公司、保险公司、保险专业代理机构和保险经纪人、直销企业、对外劳务合作企业、融资性担保公司、募集设立的股份有限公司，以及劳务派遣企业、典当行、保险资产管理公司、小额贷款公司实行注册资本认缴登记制问题，另行研究决定。在法律、行政法规以及国务院决定未修改前，暂按现行规定执行”，意即除上述公司目前仍实行注册资本实缴制度外，其他公司均实行注册资本认缴制度。

2014年2月19日，依据第十二届全国人民代表大会常务委员会第六次会议的决定，为落实《注册资本登记制度改革方案》规定的注册资本实缴登记改为认缴登记、年度检验验照制度改为年度报告公示制度，国务院发布了《国务院关于废止和修改部分行政法规的决定》，对《中华人民共和国公司登记管理条例》作出了相应修改，并自2014年3月1日起施行。按照上述法律、行政法规修改的规定，自2014年3月1日起，除法律、行政法规以及国务院决定对特定行业注册资本最低限额另有规定的外，已取消了有限责任公司最低注册资本3万元、一人有限责任公司最低注册资本10万元、股份有限公司最低注册资本500万元的限制；已不再限制公司设立时全体股东（发起人）的首次出资比例，不再限制公司全体股东（发起人）的货币出资金额占注册资本的比例，不再规定公司股东（发起人）缴足出资的期限，公司实收资本不再作为工商登记事项，公司登记时，也无需提交验资报告。

公司法律、行政法规关于注册资本制度的修改，必然带来《中华人民共和国刑法》关于公司虚报注册资本、虚假出资、抽逃出资等犯罪的适用范围的变化。刑法第一百五十八条规定：“申请公司登记使用虚假证明文件或者采用其他欺诈手段虚报注册资本，欺骗公司登记部门，取得公司登记，虚报注册数额巨大、后果严重或者有其他严重情节的，处三年以下有期徒刑或者拘役，并处或者单处虚报注册资本金额百分之一以上百分之五以下罚金”；“单位犯前款罪的，对单位判处罚金，并对直接负责的主管人员和其他直接责任人员，处三年以下有期徒刑或者拘役”；第一百五十九条规定：“公司发起人、股东违反公司法的规定未交付货币、实物或者未转移财产权，虚假出资，或者在公司成立后又抽逃出资，数额巨大、后果严重或者有其他严重情节的，处五年以下有期徒刑或者拘役，并处或者单处虚假出资金额或者抽逃出资金额百分之二以上百分之十以下的罚金”；“单位犯前款罪的，对单位判处罚金，并对直接负责的主管人员和其他直接责任人员，处五年以下有期徒刑或者拘役”。

按照刑法第三条关于“法律明文规定为犯罪行为的，依照法律定罪处刑；法律没有明文规定为犯罪行为的，不得定罪处刑”的规定，除仍实行注册资本实缴制度的银行业金融机构、证券公司、期货公司、基金管理公司、保险公司、保险专业代理机构和保险经纪人、直销企业、对外劳务合作企业、融资性担保公司、募集设立的股份有限公司，以及劳务派遣企业、典当行、保险资产管理公司、小额贷款公司外，自2014年3月1日起，其他公司中的虚报注册资本、虚假出资、抽逃出资等行为，即使数额巨大、后果严重或者有其他严重情节，也不认为是犯罪。同时，按照刑法第十二条“中华人民共和国成立以后本法施行以前的行为，如果当时的法律不认为是犯罪的，适用当时的法律；如果当时的法律认为是犯罪的，依照本法总则第四章第八节的规定应当追诉的，依照当时的法律追究责任，但是如果本法不认为是犯罪或者处刑较轻的，适用本法”；“本法施行前，依照当时的法律已经作出的生效判决，继续有效”的规定，对于2014年3月1日前，依照刑法第一百五十八条、第一百五十九条的规定仍应当定罪处罚的，除前述仍实行注册资本实缴制度的公司外，则不能再认为是犯罪并定罪处罚。

## 二、公诉案件变更起诉的条件

尽管《中华人民共和国刑事诉讼法》并没有关于检察机关变更起诉的规定，但也没有关于严格限制公诉事实和罪名的规定，一定程度上允许检察机关变更起诉。基于公诉裁量权，出于司法实践的需要，一方面，《最高人民法院关于适用〈中华人民共和国刑事诉讼法〉的解释》第二百四十三条规定：“审判期间，人民法院发现新的事实，可能影响定罪的，可以建议人民检察院补充或者变更起诉；人民检察院不同意或者在七日内未回复意见的，人民法院应当就起诉指控的犯罪事实，依照本解释第二百四十一条的规定作出判决、裁定”，规定了人民法院变更起诉的建议权，认可了人民检察院有条件的变更起诉权，另一方面，最高人民检察院《人民检察院刑事诉讼规则（试行）》第四百五十八条规定：“在人民法院宣告判决前，人民检察院发现被告人的真实身份或者犯罪事实与起诉书中叙述的身份或者指控犯罪事实不符的，或者事实、证据没有变化，但罪名、适用法律与起诉书不一致的，可以变更起诉；发现遗漏的同案犯罪嫌疑人或者罪行可以一并起诉和审理的，可以追加、补充起诉。”第四百五十九条规定了不存在犯罪事实、犯罪事实并非被告人所为、情节显著轻微、危害不大，不认为是犯罪、证据不足或证据发生变化，不符合起诉条件、被告人因未达到刑事责任年龄，不负刑事责任的、法律、司法解释发生变化导致不应当追究被告人刑事责任的、其他不应当追究被告人刑事责任等七种可以撤回起诉的情形，第四百六十一条规定，变更、追加、补充或者撤回起诉应当报经检察长或者检察委员会决定，并以书面方式在人民法院宣告判决前向人民法院提出。

从上述司法解释可以得出，检察机关的起诉变更权包括三个组成部分：一是公诉的改变，即检察机关在提起公诉后，发现起诉指控的被告人的罪行和罪名认定错误而予以改变；二是公诉的追加，在提起公诉后，发现遗漏了被告人或罪行的，可以就遗漏的被告人或罪行追加提起公诉；三是公诉的撤回，在提起公诉后，发现本不应起诉或起诉明显错误的，可以部分或者全部撤回已经提起的公诉。由于公诉的变更直接关系到法院的审判范围和被告人的防御和辩护对象，关系着诉讼效率，为了保证法院审判权和被告人辩护权的顺利行使，在赋予检察机关公诉变更裁量权的同时，应当对公诉变更裁量权进行一定的限制。根据上述司法解释的规定，公诉变更应当符合以下条件：其一，公诉变更的时间限定于人民法院第一审宣告判决前；其二，公诉变更的形式必须是以书面的方式向人民法院提出；其三，公诉变更应当具有的理由法定，撤回起诉必须是基于或不存在犯罪事实、或犯罪事实并非被告人所为、或不应当追究被告人刑事责任、或补充侦查后证据依然不足的等四个方面的理由。追加起诉必须或基于遗漏同案犯罪嫌疑人、或遗漏的罪行可以一并审理两条理由，改变起诉必须基于被告人的真实身份与起诉书中叙述的身份不符，或者犯罪事实与起诉书中叙述的犯罪事实不符等理由；其四，变更程序限制，即变更、追加或者撤回起诉应当报经检察长或者检察委员会决定，并以书面方式在人民法院宣告判决前向人民法院提出；其五，撤诉应当经人民法院同意。

## 三、就案评述

（一）吴某某不构成抽逃出资罪

具体到本案，2011年2月17日，吴某某与他人成立注册资本900万元的四川仨和置业有限公司，2011年2月25日，吴某某等人首次缴纳20%的注册资本180万元，2011年3月7日通过中介机构将720万元款汇入公司的验资账户，验资完成转回公司基本账户后，2011年3月18日，将720万元退回出中介机构，后又将包括自己首次缴纳的注册资本在内180万元抽走。按照刑法第一百五十九条的规定，作为公司法定代表人的吴某某，抽逃出资公司的注册资金数额巨大，已触犯刑法第一百五十九条之规定，应当以抽逃出资罪追究刑事责任。公诉机关于2014年4月25日向法院提起公诉，尽管依照刑法总则第四章第八节的规定应当追诉，但因已在2014年3月1日公司法修改决定生效后，吴某某抽逃注册资金的公司并非法律、行政法规以及国务院决定的注册资本实缴制度的公司，吴某某的抽逃行为已再不认为是犯罪，依照刑法第十二条：“如果当时的法律认为是犯罪的，依照本法总则第四章第八节的规定应当追诉的，依照当时的法律追究责任，但是如果本法不认为是犯罪或者处刑较轻的，适用本法”的规定，则不能再追究其抽逃出资行为的刑事责任。但吴某某利用其担任公司董事长的职务便利，将公司的56万元资金挪作个人使用，已构成挪用资金罪，仍应追究其刑事责任。

（二）符合变更起诉条件的公诉案件应当允许变更起诉

2014年4月23日，金堂县人民检察院向金堂县人民法院提起公诉，以被告人吴某某于2011年3月期间，先后将用于设立四川仨和置业有限公司包括其个人首次缴纳20%的注册资本在内的180万元，以及其后通过中介机构等方式用于注册资本验资的720万元抽走，其行为已触犯刑法第一百五十九条之规定，应当以抽逃出资罪追究刑事责任为由，向金堂县人民法院提起公诉。然而，按照第十二届全国人民代表大会常务委员会第六次的决定，国务院《注册资本登记制度改革方案》以及《国务院关于废止和修改部分行政法规的决定》等，自2014年3月1日起，除法律、行政法规以及国务院决定对特定行业注册资本最低限额另有规定的外，已取消了有限责任公司最低注册资本3万元、一人有限责任公司最低注册资本10万元、股份有限公司最低注册资本500万元的限制；已不再限制公司设立时全体股东（发起人）的首次出资比例，不再限制公司全体股东（发起人）的货币出资金额占注册资本的比例，不再规定公司股东（发起人）缴足出资的期限，按照刑法第三条的规定，公司的股东、发起人等即使有虚报注册资本、虚假出资、抽逃出资等行为，即使数额巨大、后果严重或者有其他严重情节，也不认为是犯罪，同时按照刑法第十二条的规定，2014年3月1日后，吴某某的上述的行为也不应再认为是犯罪，不能再追究其刑事责任。表面上看，金堂县人民检察院在2014年3月1日后，不应再以吴某某犯抽逃出资罪提起公诉，即便提起了公诉，也应按照《人民检察院刑事诉讼规则（试行）》第四百五十九条的规定撤回公诉。事实上，金堂县人民检察院在起诉的事实中，同时指控了吴某某将股东用于首次出资的180万元，通过四川亚鑫建筑有限公司崇州分公司、分两次转入其个人建设银行卡，挪用资金的事实，但并未指控其犯挪用资金罪。2014年6月19日，金堂县人民检察院申请延期审理，进行补充侦查后，于2014年7月7日以作为公司董事长的吴某某将股东首次缴纳注册资本的180万元，转到个人建设银行卡上，2011年3月10日、3月26日，又从卡上两次转账计58万元给王某，用于支付与王某个人合伙修建公路的材料款，已构成挪用资金罪为由，变更起诉。该变更起诉撤回了关于抽逃出资的犯罪指控，将已在指控事实中尚未明确的挪用资金犯罪的事实明确予以指控，符合《人民检察院刑事诉讼规则（试行）》第四百五十八条的规定，若金堂县人民检察院撤回公诉后再以吴某某犯挪用资金罪另行诉讼，一定程度上也将浪费司法资源，同时，在公诉及变更公诉后，也保障了被告人和各项诉讼权利。

# 《最新法律文件解读》丛书
## 稿　　约

《最新法律文件解读》是一套以为最新法律规范提供同步"解读"为主的系列丛书，分为刑事、民事、商事、行政与执行4个分册，按月出版。

本丛书以"解读"为重点，突出全、专、新、快、准等特点，通过对最新出台的法律、法规、司法解释、部门规章以及重要地方性法规进行同步动态解读，弥补了法律、法规、司法解释汇编类出版物没有同步阐释、解读内容的不足，为广大读者学习理解最新法律规范，正确贯彻执行法律文件，及时解决实践中的新情况、新问题，提供一个全方位、多层面的法律信息平台。

欢迎您向以下栏目赐稿：

**【最新法律文件解读】**主要是对最新颁行的法律文件进行解读，帮助司法和执法人员正确理解法律文件的立法背景、意义、重点内容、在适用中应注意的问题、与相关法律文件的衔接与互动关系等等。

**【司法实务问题研究】**主要刊登对司法理论、实务及司法管理工作中的热点、疑难问题进行研究及评论的文章。

**【新类型疑难案例选评】**主要是对司法和行政执法实践中具有典型性和代表性的疑难案例，结合具体案情以及审理或处理结果进行简练精辟的点评，解析认识问题的方法、处理问题的法律依据和在个案中的具体适用。

**【法学前沿与新视点】**以摘要的形式刊登相关法学理论研究的最新动态及具有代表性和典型性的前沿问题，扩展法学研究的深度和广度。

**【法律适用问题解答】**主要针对司法和行政执法实践中面临的新问题、热点问题、疑难问题进行简要的解答，指出涉及的法律关系，明确法律适用依据。

稿件一经刊用，即付稿酬，稿酬从优。


《刑事法律文件解读》　姜　峤　邮箱：bj85250573@126.com

《民事法律文件解读》　丁丽娜　邮箱：dlnlaw@163.com

《商事法律文件解读》　路建华　邮箱：shangshijiedu@126.com

《行政与执行法律文件解读》　张　奎　邮箱：271717306@qq.com


**人民法院出版社**

**《最新法律文件解读》丛书编辑部**